Биянкурские праздники

Нина Берберова

Биянкурские праздники

© Bibliotech Press, 2022

ISNB: 978-1-63637-905-0

СОДЕРЖАНИЕ

Биянкурские праздники

Два рассказа конца 1920-х годов

СОДЕРЖАНИЕ

БИЯНКУРСКИЕ ПРАЗДНИКИ

ПРЕДИСЛОВИЕ

Эти рассказы были написаны между 1928 и 1940 годами для эмигрантской либерально-демократической русской газеты «Последние новости», издававшейся в Париже под редакцией П. Н. Милюкова. Первый номер газеты вышел в 1920 году, последний — 13 июня 1940 года, накануне входа немецкой армии в Париж. Через три дня помещение редакции было разгромлено.

Я начала писать прозу в 1925 году и в течение двух лет искала почву, или основу, или фон, на котором могли бы жить и действовать мои герои. Старой России я не успела узнать, и писать о ней, даже если бы я ее знала, меня не интересовало: в эмиграции и в ее центре, Париже, было достаточно «старых» писателей, которые могли увлечь воспоминаниями о царской России только тех, которые жили в прошлом. Писать о Франции и французских «героях» (как делали некоторые из моих сверстников, начинающих прозаиков) мне не приходило на ум. Можно было, конечно, начать писать «о себе», как делали, по примеру Пруста, многие молодые писатели Запада в то время, но я тогда ни говорить, ни писать о себе не умела; мне необходимо было найти хотя бы в малой степени установившуюся бытовую обстановку, людей, если не прочно, то хотя бы на время осевших в одном месте и создавших подобие быта вне зависимости от того, нравится мне эта обстановка, ими созданная, и нравятся ли мне они сами.

В юго-западном углу Парижа есть пригород Биянкур (который обычно пишется Бийанкур), который постепенно слился с Парижем. Он находится между Сеной и Булонским лесом, и в нем стоят огромные заводы — сталелитейные, автомобильные и другие, связанные с мощной французской тяжелой промышленностью. Автомобильный завод Рено после войны 1914–1918 гг. начал разрастаться, и так как рабочих рук не хватало (Франция в Первую мировую войну потеряла около трех миллионов людей), то Рено стал искать рабочие руки. Ему нужны были: 1) мужчины, 2) люди здоровые и молодые, 3) люди, которые могли бы приехать на постоянное жительство и

1

4) могли бы научиться работать, обзавелись бы семьями и слились бы с местным населением.

Такими людьми оказались русские «белые», из армии Деникина и Врангеля, белогвардейцы, «белогвардейская сволочь», как их называли в Советской России в то время. Они были эвакуированы в свое время, после разгрома на юге России, и сидели и ждали своей участи на Принцевых островах (Дарданеллы), в Бизерте (Африка), в Болгарии, Сербии и других странах. За белой армией потянулись в эмиграцию тысячи штатских людей, которые уже в личном порядке старались найти себе место в далеко не спокойной послевоенной Европе. Рено стал выписывать по контрактам рабочих из бывших офицеров, солдат и казаков Добровольческой армии. Примеру Рено последовали другие владельцы заводов, а также само французское правительство, озабоченное аграрными проблемами и нехваткой рабочих рук в деревне.

Я приехала в Париж на постоянное местожительство в 1925 году[1].

Белогвардейцы меня совершенно не беспокоили. Я начала работать в газете Милюкова почти тотчас же (Милюков к армии Деникина и Врангеля отношения не имел). Только в 1927 году я узнала, что «русские массы» можно увидеть по воскресеньям в русской церкви. Я пошла туда и удивилась количеству людей (полная церковь, толпа во дворе) — в огромном большинстве мужчин, в десять раз меньше, чем мужчин, — женщин, и даже наличию совсем маленьких детей, при полном отсутствии детей школьного возраста и подростков. Я узнала также, что есть церкви в пригородах (мы стали называть их «сорок сороков») и что есть пригороды, где не только церкви, но есть и лавки, и русские вывески, и русский детский сад, и воскресные школы; там соблюдаются русские праздники по старому стилю; там какие-то русские комитеты усиленно заботятся о стариках и инвалидах мировой войны. И что в Биянкуре 10 000 русских строят автомобили Рено.

Это была та основа, которую я искала. Как я позже писала в своей автобиографии (1972 г.), после первых же рассказов моей серии «Биянкурские праздники» с меня в парикмахерской перестали брать на чай русские мастера, сапожник пытался набить мне подметки даром. В гастрономическом магазине

---

[1] Владислав Ходасевич, поэт и критик, и я выехали из Советской России (тогда еще не было СССР) весной 1922 года и три года, с перерывами, прожили в доме А. М. Горького, в Саарове, Мариенбаде и Сорренто.

2

хозяин угощал меня конфетами, а биянкурские дети постепенно стали узнавать меня и показывать на меня пальцем.

Я не знаю, понимали ли мои читатели иронию моих рассказов, сознавали ли, что. «праздники» — не бог весть какие в этой их жизни, что между мной самой и моими «героями» лежит пропасть — образа жизни, происхождения, образования, выбранной профессии, не говоря уже о политических взглядах.

Прошло более сорока лет, как эти рассказы были написаны и напечатаны, и около тридцати лет, как я в последний раз перечитала их. Их историко-социологическое значение (как мне сейчас кажется) далеко превосходит их художественную ценность. О «русских массах» эмиграции почти ничего написано не было[2]; о «трудовом классе», о «пролетариате» (непотомственном), о людях без языка, вырванных из родной почвы без надежды вернуться назад, растерявших близких, выкинутых в Европу после военного поражения, сейчас никто ничего не знает и не помнит. Как я писала в автобиографии:

«Гудит заводской гудок. Двадцать пять тысяч рабочих текут через широкие ворота на площадь. Каждый четвертый — чин белой армии. Люди семейные, налогоплательщики и читатели русских ежедневных газет, члены всевозможных русских военных организаций, хранящие полковые отличия, георгиевские кресты и медали, погоны и кортики на дне еще российских сундуков вместе с выцветшими фотографиями, главным образом групповыми. Про них известно, что они: а) не зачинщики в стачках, б) редко обращаются в заводскую больницу, потому что у них здоровье железное, видимо обретенное в результате тренировки в двух войнах, большой и гражданской, и в) исключительно смирны, когда дело касается закона и полиции: преступность среди них минимальна, поножовщина — исключение, убийство из ревности — одно в десять лет, фальшивомонетчиков и совратителей малолетних, по статистике, не имеется».

---

[2] Я знаю книгу Д. Мейснера «Миражи и действительность», Москва, 1966, и книгу Л. Любимова «На чужбине», Москва, 1963–1964. Оба автора — русские эмигранты. Книга Мейснера издана в количестве 200 000 экземпляров. Но Мейснер, при всей своей осведомленности, жил между двумя войнами не в Париже, а в Праге. В книге Любимова 412 страниц. Он в ней рассказывает свою жизнь. Половина посвящена дореволюционному периоду и выезду из России. Парижский период главным образом касается Франции и французов, русских политиков, писателей и общественных деятелей в изгнании, и «русским массам» отдано не более 15–20 страниц.

Историко-социологическая ценность, пожалуй, не требует дальнейших комментариев. Но художественная сторона этих рассказов нуждается в некоторых пояснениях: ирония автора должна была проявиться в самом стиле его прозы, и потому между мною и действующими лицами появился рассказчик. Самые ранние из «Биянкурских праздников» не могут не напомнить читателю Зощенко (и в меньшей степени Бабеля и Гоголя), и не только потому, что я по молодости и неопытности училась у него, но и потому, что мои герои — провинциалы, полуинтеллигенты поколения, выросшего в десятых и двадцатых годах, говорили языком героев Зощенко, потому что все эти рабочие завода Рено, шоферы такси и другие читали Зощенко каждую неделю в эмигрантской прессе, перепечатывавшей каждый новый рассказ его в парижских газетах в двадцатых и тридцатых годах, на радость своим читателям.

Когда я говорю о «языке героев Зощенко», то это требует небольшого уточнения: язык был тот же на классовом уровне, на географическом, образовательном и бытовом, но эмигрантский язык этих лет имел одну характерную черту, которую язык Зощенко не имел: он впитывал в себя слова французские, переделывая их иногда на русский манер. Таким образом, язык героев «Биянкурских праздников» более пестрый, менее унифицированный язык и, если в него вслушаться, имеет следующие элементы:

1. Старомодная, устарелая речь чеховских и предчеховских времен, с частым употреблением имени-отчества, даже в том случае, когда люди бывали на «ты»; речь, обращенная к женщине, всегда как к чему-то драгоценному и редкому, прекрасному и хрупкому; особый, полувзрослый говор детей. Выражения «благодарствуйте» и даже «мерси». Язык, полный словечек, идиоматизмов и провинциализмов, не язык Бунина, Рахманинова, Дягилева и Ремизова, но язык южной России, людей, прошедших четыре класса гимназии, ускоренный выпуск военного училища.

2. Слова, подхваченные из советских газет или от случайных приезжих из Советской России, «спец», «шамать», «баранка» (автомобиля), которые могли врасти в язык на родине, но могли и не удержаться в нем.

3. Слова, означающие нечто новое, не бывшее до того, которые наспех были придуманы в редакции русских газет при переводе с французского, понятия, еще, может быть, не найденные, как «одномоторник» (аэроплан, который только

после Второй мировой войны стал называться эмигрантами самолетом).

4. И, наконец, слова французского обихода, не переведенными на русский язык вошедшие в речь, как «бистро» (небольшое кафе, где больше пьют, чем едят) или «компле вестон» (пиджачная пара, с жилеткой), еще десятки других.

Ни одной из этих четырех категорий я не злоупотребляла: они попадаются тут и там в моих рассказах, но сознательно я их не культивировала.

Критика, а также литературные друзья не раз говорили мне, что я постепенно отойду от этого (частично заимствованного) сказа, и чем скорее, тем лучше. И они оказались правы. Уже году в 1931-м я параллельно с «Биянкурскими праздниками» начала писать рассказы собственным голосом, отказавшись от рассказчика, а в 1934-м окончательно освободилась от него. Но на этом и кончились «Биянкурские праздники»: они без сказа существовать не могли. Начался другой период, может быть менее социологически интересный, но, несомненно, художественно более зрелый, приведший меня к моим поздним рассказам сороковых и пятидесятых годов, в которых я уже полностью отвечаю и за иронию, и за основную позицию автора-рассказчика целиком. И где герои рассказов не люди, которых я наблюдаю внимательно и осторожно, но деклассированные интеллигенты, среди которых я жила и с которыми идентифицировалась.

Сейчас уже никого не осталось в мире из тех и других: средний возраст эмиграции был 30—40 лет в двадцатых и тридцатых годах, и могилы их могут быть осмотрены на кладбище Сент-Женевьев-де-Буа, другом предместье Парижа, где «старым местом» называется аллея, где похоронены люди, умершие в сороковых и пятидесятых годах, а «новым» — необозримое пространство в правой стороне кладбища, где похоронены люди в шестидесятых и семидесятых. Те, кто еще живы в так называемых «старческих домах» (тоже эмигрантское языковое измышление), потеряли память или дар речи. Подпоручикам и мичманам царского времени восемьдесят и больше лет. И в церкви на улице Дарю можно по праздникам видеть человек тридцать. Это опять история и социология, и мне, может быть, удалось закрепить часть ее для будущего, в ее трагикомическом, абсурдном и горьком аспекте.

Н. Б.

АРГЕНТИНА

Милостивые государыни и милостивые государи, извиняюсь! Особенно — государыни, оттого что не все в моем рассказе будет одинаково возвышенно и благопристойно. С Иваном Павловичем случился истинный конфуз. Он так и сказал мне, уезжая: «Со мною, друг мой Гриша, у вас в Париже конфуз произошел». Я на это ничего не ответил, только помялся немного: в его конфузе я слегка повинен был, да помахал платком, как у нас здесь принято, когда поезд тронулся.

Иван Павлович прибыл из провинции в позапрошлую пятницу, оставив на руках у компаньона, К. П. Бирилева, моряка и кроликовода, свое кроличье хозяйство. Целый год писал он мне, что не может больше обходиться без женского пола русского происхождения и что решил во что бы то ни стало жениться. «Друг мой Гриша, — писал он, — поймешь ли ты меня? Ты молод, ты живешь, можно сказать, в столице всех искусств, к услугам твоим, по причине удачной внешности, прелестные дамы. А я мало сказать что несу на себе унылый груз сорокапятилетнего возраста и волосом редок, но еще и погряз в разведении здешних кроликов, вдали от развлечений. Хозяйство наше в запустении, дом нечист и неуютен, костюмы наши с Бирилевым Константином подчас не зачинены, просто срам. С борщом труднее нам, чем иному в поле... Найди мне, Гриша, русскую невесту, чтобы не гнушалась нашей деревенской нищетой, чтобы была хозяйлива и невзыскательна к мужской красоте. Помни, что Бирилев Константин моложе меня и фигурой тоньше. Пойми, родной мой Гриша, что я единственный твой двоюродный дядя и что других родственников у тебя на свете нет».

Подобные письма приходили не реже одного раза в месяц и всякий раз щипали меня за сердце довольно сильно. Картины сельской жизни неутешительно рисовались передо мной. Но что было делать? Иван Павлович заблуждался во многих пунктах на мой счастливый счет: живу я не в мировом центре, а рядом, в Биянкуре; с утра до ночи гублю жизнь на заводе; знакомых барышень у меня немного, а какие есть, все метят на красивые должности (вроде как подавать в «Альпийской розе»), и предлагать им ехать за три часа от Парижа варить борщ, хотя бы и по любви, — самому позориться. А насчет починки костюмов как-то даже неловко их спрашивать.

6

И, однако, месяца три назад, в дождливый майский вечер, когда на душе стало вдруг грустно и одиноко и захотелось дружеских взоров, отправился я к мадам Клаве, в отель «Каприз», и во всем ей признался.

Мадам Клава полотенцем прикрыла голый манекен на ножке, попросила у меня папироску и задумалась.

— Может быть, — сказала она, склонив головку, — дядя ваш удовлетворился бы наемной работницей? Этим куда легче помочь. У меня, например, есть один знакомый, он сейчас без места, я могу его рекомендовать, потому что уж если кого нанимать, то, конечно, мужчину.

Тут скоро и кончился наш неудачный разговор. На прощанье я поцеловал Клаве ручку.

Но вот однажды встречает меня мадам Клава в бакалейной лавочке, берет за рукав и просит вести себя в «Кабаре» для неотложной и секретной беседы.

Новость, сообщенная мне Клавой, была роковой для Ивана Павловича: из Эстонии прибыла в Париж партия семейных рабочих, стараниями наших комитетов отсылаемая не то на юг Франции, на сельскохозяйственные работы, не то в Канаду. Партию эту расселили пока что у одной из городских застав. В числе прибывших находился Клавочкин знакомый, некто Селиндрин, а при нем, кроме законной жены и троих детей, еще и сестра, девица девятнадцати лет, по имени Антонина Николаевна Селиндрина.

Вечером того же дня я написал письмо Ивану Павловичу, требуя его приезда. Я сообщал ему имя и возраст девицы и кратчайший способ добраться ко мне с вокзала, а когда в прошлую пятницу я вернулся с завода домой, Иван Павлович, сидя у окна, уже поджидал меня в моей комнатенке. Он тут же сообщил, что уже видел верхушку Эйфелевой башни, когда проезжали по мосту. За два года нашей горькой разлуки он посмуглел и поздоровел, а глаза его так и горели. Он, между прочим, привез с собой в узелке яиц и замечательный кроличий паштет. Веселью нашему в тот вечер конца не было.

Наутро, проснувшись в постели рядом с Иваном Павловичем, я, каюсь, начал его разглядывать с точки зрения Антонины Николаевны Селиндриной, и должен признаться — он мне очень понравился. Борода его была черна и, можно сказать, размеров великолепных; большой нос, несколько неправильной, но могучей формы, выдавал силу характера пополам с большой сердечной нежностью. Зубы Ивана Павловича (рот его был слегка раскрыт) были крепки и желты и придавали мужественное выражение спящему лицу. Одним словом, я легкомысленно представлял себе Ивана Павловича с цветком в петличке на ступеньках биянкурской мэрии об руку с Антониной Селиндриной... Заводской гудок выгнал меня из дому.

Решено было ехать знакомиться с Антониной Николаевной в воскресенье днем. Не буду распространяться о субботнем вечере: Иван Павлович говорил мало, мало ел, зато дышал часто и глубоко, особенно в парикмахерской у Бориса Гавриловича, куда мы оба отправились, пошамав, и где протомили нас до девятого часа (обыкновенная субботняя история!). Зато и благоухали же мы потом на всю нашу рю Насьональ, как заправские женихи. В воскресенье утром Иван Павлович побывал у обедни. В половине второго дня, по ровной июльской погоде, вышли мы из дому в приподнятом духе и отправились в город. Трамваем нам предстояло ехать не менее получаса до заставы, где стояла с прошлой недели эстонская партия переселенцев. Тут Иван Павлович начал со мной разговор, который, видимо, с самого приезда лежал у него на сердце.

— Гриша, — сказал он мне, — как ты думаешь, могу я составить счастье женщины?

Я не задумываясь отвечал, что да.

— Гриша, — продолжал он, — скажи мне как перед богом: нет ли чего-нибудь отталкивающего в моей наружности? Или подозрительного в судьбе? Или юмористического в поведении?

Видя, что он ужасно волнуется и опасается предстоящего счастья, я от всей души начал его утешать.

— Иван Павлович, — сказал я как можно тверже, — вы превосходный человек, насколько я вас знаю, и если только вам понравится мадмазель Селиндрина, то, конечно, вы ее осчастливите, соединясь с нею. Подумайте сами: вы устроены, вы, в некотором роде, помещик, дела ваши процветают. Вы берете себе в жены девицу неимущую, сироту, лишнюю в семействе, девицу, которую, по всей вероятности, эксплуатируют и брат ее, и невестка, как меня, например, эксплуатирует мосью Рено. Вы женитесь на ней, она обретает в жизни защитника и становится хозяйкой ваших владений. Что предстоит ей без вас? Русские переселенцы эстонской страны, тяжелый труд где-нибудь в Австралии или Канаде. Да вы, может быть, будущий оплот всей ее жизни, если только она придется вам по вкусу.

— По вкусу? — вскричал Иван Павлович с горькой усмешкой. — Ты, Гриша, счастливый человек, если не знаешь, что значит жить без женщины, без жены, когда никто вокруг тебя не щебечет, когда в доме пусто и сиро. Когда некому душу открыть.

Я подумал о мадам Клаве и смолчал. Мы благополучно сошли с трамвая и зашагали к Порт д'Итали.

Иван Павлович не шел, а летел, и я летел вслед за ним. Шляпа на нем сидела как нельзя лучше; синий костюм, бледного тона галстук с булавкой в виде жучка и коричневые, совершенно новые башмаки — все было первого сорта. Однако, несмотря на этот шик, даже издали нельзя было принять Ивана Павловича за какого-нибудь беспринципного франта или развязного модника, нет: и фигура, и лицо его выражали глубокую задумчивость, сосредоточенность мысли на одном предмете. У самой заставы указали нам на длинный деревянный барак. Мы вошли во двор.

Нечего и говорить, что убогость, и бедность, и непонимание французского языка нашли мы тут в огромных размерах. Детский крик стоял в воздухе, не говоря уже о запахах; по-видимому, жизнь в бараках ничем не отличается от жизни в теплушках революционного времени — грязь и теснота те же; мужчины расквартированы отдельно от женщин. На женской половине стирали, стряпали, шлепали орущих детей... Словом, было чему подивиться.

Первая, кого мы увидели, была высокая черноволосая девушка в черных чулках и ботинках на шнурках, в черном платке. Мы спросили ее, нельзя ли отыскать для нас Антонину Николаевну Селиндрину.

— Это я, — сказала она и поклонилась.

«Ах, — подумал я, — четыре сбоку, ваших нет! Вот приятная неожиданность».

Иван Павлович приподнял шляпу.

— Позвольте представиться, — сказал он не без важности, — Кудрин, Иван Павлов. А это друг и племянник мой Гриша.

Антонина Николаевна поклонилась еще раз. Она была причесана на прямой пробор, темные брови дугами так и расходились по лбу, а под ними немного испуганно, но приятно смотрели глаза. Она не улыбнулась.

— Вы, вероятно, предупреждены о нашем визите? — спросил я, намекая на мадам Клаву. — Не пойти ли нам в ближайшее «Кабаре», не выпить ли чаю немножко?

— Нет, — сказала она и покачала при этом головой, — мне отлучиться никак нельзя: дети слегка больны, меня могут позвать.

И остались мы втроем посреди того неприличного двора разговаривать.

— Я слышал, Антонина Николаевна, — сказал Иван Павлович довольно бойко, — вы намерены с семьей отправиться в Канаду? Неужели вас не пугает столь далекое путешествие? Правда, теперь некоторые смельчаки в сутки океан перелетают, но кораблем туда дней восемь езды, я полагаю?

Она печально посмотрела на Ивана Павловича.

— Нет, я не боюсь, — сказала она, — восемь так восемь.

— Не грустно вам было покинуть родные края?

Искорка промелькнула в ее глазах.

— Нет, мне было безразлично.

— Вас, вероятно, манит отчасти неизведанная даль?

— Как вы говорите?

— Я говорю: чужие края тоже могут нам прийтись по вкусу. На Эстонии, говорю, свет клином не сошелся.

— Да, конечно.

— Вот только работать вам там придется не по силам, знаем мы, что такое Америка, там, говорят, всюду отчаянная фордизация.

— Работы я не боюсь.

— Ну конечно, особенно если вы с семьей едете, сообща, значит, работа будет.

Она вдруг покраснела, губы ее дрогнули. Я дернул Ивана Павловича за рукав.

— А как вам Франция нравится? Париж, например? Или (что там Париж!) французская провинция?

— Я не видела Парижа, — сказала она с усилием, — у меня не было времени осмотреть достопримечательности. Дети слегка больны. Когда я была в прогимназии...

Она запахнула платок на груди и умолкла.

— Антонина Николаевна, — сказал вдруг Иван Павлович, — вам кто-нибудь что-нибудь говорил обо мне?

— Говорила Клавдия Сергеевна, — сказала Антонина Николаевна с облегчением, — говорила, что вы ищете...

— Помощницу! — вскричал Иван Павлович радостно. — У меня, видите ли, маленькое хозяйство, то есть у нас с Бирилевым Константином: кролики, глупые такие животные, скажу я вам, но плодятся, плодятся... И трудно, знаете ли, одним, трудно в хозяйстве и уныло, простите меня, на душе. А работа у нас не тяжелая, еда сытная. И доходы все наши на три части делить будем.

«За ваше здоровье!» — подумал я и отошел в сторонку.

Антонина Николаевна стояла молча, и брови ее слегка сдвинулись.

— Мне сорок пять годов, — продолжал Иван Павлович уже более степенно, — всего два года как мы затеяли дело, но идет оно недурно, можете справки навести, дело идет превосходно. Характером я не злой, ей-богу, хоть Гришу спросите. Да что говорить, вы еще поспеете меня узнать, а я вас уже и сейчас знаю: как увидел, так и узнал. Прошу вас, Антонина Николаевна, будьте моей женой.

Может быть, честный человек не стал бы смотреть на нее в эту минуту. Я смотрел. Я видел ее длинную черную юбку над вполне еще приличными башмаками, ее плечи, обтянутые старым платком. Рукава кофточки были ей коротки, узкие руки с пальцами в черных трещинках вылезали из них и прятались под платком.

Он выпалил это с поразительным прямодушием и двинулся к Антонине Николаевне. Она заметно побледнела.

— Благодарю вас, — прошептала она так тихо, что я едва расслышал. — Но я не могу быть вашей женой.

Иван Павлович остановился как вкопанный.

— Что так? Неужели противен? — спросил он испуганно.

Антонина Николаевна мотнула головой. Слезы блеснули у нее под загнутыми кверху и книзу ресницами.

— Произошло недоразумение, — прошептала она, — я думала, вы пришли нанимать меня в работницы.

Иван Павлович не двигался. Она вдруг опустила голову, взглянула на пыльный, мощенный камнем двор.

— Оскорбление это, если не объяснитесь, — произнес Иван Павлович неуверенно. — Как честный человек и солдат прошу вас... Гриша, отойди, дружок, подале.

Она побледнела, глаза ее заметались, губы она сжала.

— Оскорблять вас не могу. Простите меня. Меня опоили, обманули... я на третьем месяце.

Прошла длинная минута молчания.

— Произошло недоразумение, — повторила Антонина Николаевна — и я прошу вас ничего не говорить Клавдии Сергеевне. Об этом никто не знает, кроме моей невестки и брата. Я думала, вы пришли нанимать меня в работницы.

Я не видел его лица, он стоял спиной ко мне, но я удивился, что он все стоит. Зато Антонина Николаевна менялась в лице и теребила платок на груди.

Наконец Иван Павлович дрогнул весь, опомнился.

— Вот как, — произнес он медленно. — Недоразумение. Нет, работницы мне не надо. Извиняюсь за беспокойство.

Он повернулся и пошел к воротам, и я отправился за ним.

С улицы я не удержался и оглянулся: Селиндрина стояла и смотрела нам вслед.

— Опоили, обманули, — повторил Иван Павлович про себя. — Брат-то что смотрел? А не осталась в Эстонии — значит, податься было некуда. Гриша, вот случай-то, а? Вот стыд-то!

Я не смел взглянуть на него.

— Это я во всем виноват, Иван Павлович, легкомыслие дурацкое сгубило. Вызвал вас в Париж, заставил потратиться, как идиот водил к парикмахеру вчера. Уж я мадам Клаве этого так не оставлю.

Озлился я в ту минуту сверх всякой меры.

— Молчи, Гриша, — говорил Иван Павлович, — я ей слово дал не рассказывать, и ты не смей. Ведь это ей позор. А ты представляешь, что она дома от невестки терпит?

И он вдруг сильнейшим образом покраснел.

Бес так и ходил во мне, и я не знал, каким мне средством успокоиться. Совестно мне было перед Иваном Павловичем, стыдно было взглянуть ему в глаза. Все старые Клавдины обиды припомнились мне тут же в трамвае. Антонина тоже давила на воображение. Приехав домой, Иван Павлович в одном нижнем белье сел к окну.

— Завтра уеду от тебя, Гриша, — сказал он. — Нечего больше мне у вас тут делать. Свалял дурака, пора возвращаться. А кто бы это мог ее таким образом загубить? Может быть, этой самой прогимназии учитель или просто так, какая-нибудь сволочь фабричная с гармоникой?

От этих слов слезы восхищения чуть не прыснули у меня из глаз. «Хоть бы он обругал меня, хоть бы обложил в сердцах! — мечталось мне. — Хоть бы Антонину на должное место поставил».

— Бог с ней, Иван Павлович. Охота вам обо всякой распутной размышлять, только время теряете.

Он опять покраснел, весь насторожился.

— Ты что, в уме? Она-то распутная? Ты, брат, ничего в женщинах не понимаешь.

Без аппетита пообедал я в тот день, вернулся не поздно, Иван Павлович уже спал. Утром рано попрощались мы с ним, но когда я вечером вернулся, он был еще здесь, он сидел на моем стуле, он никуда в тот день не уехал.

— Прости меня, Гриша, — сказал он со смущением, — покину я тебя завтра. Сегодня еще придется тебе потесниться.

Я тогда увидел в нем неподобающую солидному человеку перемену: мысли его оказались в полном разброде. За обедом на этот раз потребовал он к казацким биткам водочки. А ночью

12

несколько раз вставал (он спал с краю) и разговаривал сам с собой.

Утром во вторник мы опять простились. На прощание он сказал:

— А что, Гриша, по американским законам плохо ей придется, с ребенком-то?

Американских законов я не знаю, да он, как видно, и не ждал от меня ответа.

— Нет, ты мне вот что скажи: невестка-то пилит ее с утра до вечера? Ведь пилит?

— Даже наверное.

И опять он не уехал. Да что говорить! Сидел он в гостях у меня до самого четверга, когда вдруг пришла открытка от К. П. Бирилева с настойчивой просьбой вернуться.

Когда в четверг вечером пришел я домой (по дороге я встретил, но сделал вид, что не узнал Клавку, хотя в чем была ее вина? Ведь она, по словам той, ничего не знала), когда я вошел к себе и увидел Ивана Павловича в синем костюме с жучком, я догадался, что он принял решение. От городской атмосферы в моей комнате и недостатка здоровых движений он за эту неделю отчасти потерял яркие краски сельского жителя. Но сейчас энергия так и ходила в его глазах, и я вспомнил его желтые зубы, виденные однажды, — признак большой мужественности.

— Гриша, вези меня, — сказал он мне просто. — Один я дорогу не найду. Пусть родит, я ребенка усыновлю, кроликов ему после себя оставлю. Не могу я этого дела бросить, все дни томился и душой, и телом. Пусть переезжает ко мне, пусть пока живет — а там посмотрим. Очень у нее глаза оказались замечательными. А плечи худые какие, заметил ты? А платьице помнишь? Теперь, верно, таких платьев никто уж и не носит, пожалуй.

«Помню и глаза, и плечи, и платьице, — подумал я в ту минуту, — а все-таки никак этого не ожидал».

Но Иван Павлович не дал мне опомниться. Он в радости своей затормошил меня так, что я, не переодевшись и не помывшись, оказался через пять минут на пути к Парижу. Он шел рядом в счастливой задумчивости, а я... Бог весть чего только не передумал я в те минуты! Мысли так и летели мне навстречу, как голуби, душа парила в небе. Чуть смеркалось. Туман жаркого дня стоял над домами. Шли мы с Иваном Павловичем на край света, и я от удивления и восторга то и дело взглядывал на него.

В таких настроениях мы и в трамвае ехали, больше молча,

так что люди могли подумать: каждый из нас едет в отдельности, и даже по разнице в костюмах наших вовсе никак не могли нас вместе связать. И это тоже веселило меня.

И вот подходим мы к заставе, видим барак. Вечер. Пыль. Пиво везут. На заборах афиши за это время сменили, новую драму расклеили. Подходим к бараку, входим во двор. Тихо. Окна и двери заперты. Берет Ивана Павловича страшок.

— Пойдем-ка, Гриша, — говорит, — в ближайшее бистро, спросим-ка бистрошника, что здесь за перемены произошли в наше отсутствие.

Пошли в бистро. Уехали, говорят нам муж-жена бистрошники, третьего дня увезли их всех в Аргентину, на плантации.

(Заботами, значит, наших комитетов.)

Спрашиваем: может быть, не все уехали, не, так сказать, все без исключения? Может быть, хоть кто-нибудь остался, предчувствуя, что не будет ему в Аргентине счастья?

Отвечают: нет, никто ничего не предчувствовал, ничего об этом не слыхали.

— Гриша, да что же это? Да как же это понять? — воскликнул Иван Павлович. Но воскликнул он это уже в пятницу, на следующий день. Тогда ж, в четверг, он ничего не сказал ни мне, ни бистрошникам, вышел на улицу, опять, видит, пиво везут...

Это не в Аргентине ли все танец танго танцуют?

1929

ФОТОЖЕНИХ³

Герасим Гаврилович, брат всем известного Бориса Гавриловича, отец семейства, пехотинец и маневр, сидел на скамье посреди площади и крутил пальцами. Домой идти не хотелось — там у него тесно и обед на лишнюю персону не рассчитан. В ресторанчике у нас для него тоже тесновато, а главное — денег стоит. Вот и сидел брат нашего Бориса Гавриловича и, так сказать, бил баклуши.

Вечерело. Гуляли парочки. Не надо думать, что кавалер с барышней, этого у нас за отсутствием барышень не бывает. Просто гуляли маневры, и всё почему-то высокий с маленьким, обмахивались они от жары кто чем, папиросы курили, заходили в «Кабаре» и вспоминали минувшие дни и битвы, где вместе рубились они.

А больше, по правде сказать, проходили в свою улицу обедать. Сидит Герасим Гаврилович, крутит пальцами. В бакалейном магазине фонарь зажигается, пахнет оттуда соленым огурцом, леденцом и рыбкой. А на углу квасом торгуют, на другом — нищий фотограф околачивается. Словом, картина обычная.

И видит вдруг Герасим Гаврилович вечернюю французскую газету под скамейкой, и поднимает ее, и, пока еще светло читать, пропускает он китайские события и прения депутатов, а также интересные лаун-теннисные состязания и прямо переходит к объявлениям. Надо заметить, что Герасим Гаврилович за семь лет французской жизни наловчился читать объявления различных предложений труда и даже полюбил это чтение. Часто ему их читать приходилось, но все почему-то с незаметными для простого глаза результатами.

Безо всякой спешки, без всякого видимого волнения протыкает Герасим Гаврилович указательным пальцем газету, выдирает из нее лоскуток и сует в карман. И затем как ни в чем не бывало и даже несколько кисло переходит к прениям депутатов, покуда друзья-приятели, плотно покушав, не выходят из ресторанчиков и не наступает августовская ночь.

Много где видели фигуру Герасима Гавриловича: служил он на греческом пароходе, работал в шахте в Бельгии и на заводе в Крезо. Почему и как попал он к нам, мы не знали. Уважаемый брат его одно время хотел учить его своему

---

³ Фотожених от фр. искаж. photogénique (фотогиеничный).

15

искусству, но ничего не вышло: парикмахерского таланта у Герасима Гавриловича не оказалось. А жена его день-деньской с детьми мучилась.

— Неужели же ты, такой-сякой барон Распролентяев, — говорила она ему сердито, — никуда приткнуться не можешь? Неужели так-таки бог тебе никакого таланта не дал? И ты жизнь прожить собираешься безо всякой профессии?

— Почву из-под меня вынули, — говорил тогда Герасим Гаврилович, — ни пространства ваши, ни времена, ни климаты мне не подходят.

А Борис Гаврилович, энергичный брат его, произносил любимую свою речь о том, что каждому человеку необходимо познать себя. Ты, говорил он, распознай, куда тебя гнет, об этом еще древние греки напоминали, расчухай наперед, в чем твои способности: в шахте ли работать или парикмахерскому искусству служить. А то в наше время пропадешь без специальности. Знаем мы этих, которым все позволено!

С объявлением в кармане вышел Герасим Гаврилович назавтра рано поутру из дому и направился в контору анонимного кинематографического общества. Анонимность этого общества немного смущала его, но он решил махнуть на это рукой.

Контора помещалась в просторном павильоне; за дощатой перегородкой было шумно, шла работа, слышалась трескотня, чей-то голос кричал грубо, никого не стесняясь. Здесь же за столом сидел человек злорадной внешности, а перед ним молча и тоскливо толклись, как барашки, пришедшие наниматься в фигуранты — фигурять толпой или по несколько человек в новой кинематографической драме.

Барышни тут были модные, совсем безбровые (была одна густобровая, но та, как выяснилось, мечтала о комической роли). Безбровые барышни щеголяли браслетками, сережками, цветными пахучими карандашиками. Было два разбойника и один генерал, все трое — в потертых пиджаках и держались вместе. Была золотая молодежь с нахальными галстучками; пока что молодежь перемигивалась с барышнями. Начальник конторы обращался со всей этой отарой по-свойски: чуть голову поднимет и уже видит — годен ты или нет.

Подошел к столу и Герасим Гаврилович.

— Фрак имеете? — спрашивает начальник. — В футбол играете? Менуэт танцуете?

Герасим Гаврилович поворачивается уходить.

— Стойте, — кричит начальник. — Вы пригодиться можете! Мосью (имярек) вас посмотреть должен.

16

Боже мой, с какой завистью посмотрели на Герасима Гавриловича безбровые барышни! Их всех тут же выпроводили, да и золотую молодежь вместе с ними. Оставили из всей компании одного разбойника, так что вдвоем с разбойником и просидел Герасим Гаврилович часа полтора в ожидании важных решений.

Мосью (имярек) в тысячной фуфайке, потный, худенький, красивый, прибежал, куря сразу две папиросы (чтобы крепче было) и играя складным аршином. Он не обратил на Герасима Гавриловича никакого внимания, пока не отыскал в ящике конторского стола большое яблоко и пока тут же его не съел. Затем он кинулся в кресло (из которого по этому случаю столбом встала пыль) и велел Герасиму Гавриловичу и разбойнику погулять перед ним так, как если бы они гуляли по мосту и любовались на реку. Не спросив ни про фрак, ни про менуэт, он повел обоих за перегородку.

Под высокой крышей павильона громоздился завидной величины испанский город. Несколько испанских кавалеров, позевывая, освежались бутербродами. Испанский ребенок, весь в краске, жался к матери, уж никак не испанке. Это был перерыв. Две лестницы вели под потолок. Там, расставив ноги, кто-то качался, должно быть заведующий освещением, а может быть, и акробат. Два маляра, высокий и маленький, не спеша прогуливались. Курить здесь не полагалось.

— Герасим Гаврилович, вы ли это? — воскликнул один маляр. — Голубчик, не узнаете? Я вас на пароходе знал, я вас в Крезо... Конотешенку забыли?

Герасим Гаврилович пошел обниматься.

— Вы что, работу ищете? Маляром? Плотником?

Герасим Гаврилович застыдился.

— Актером по объявлению. Жду начальства для решительного ответа.

Конотешенко, маляр, ужасно обрадовался.

— Да вас, верно, пробовать будут, чтобы узнать, фотожених вы или не фотожених. Вот вам счастье, Герасим Гаврилович: другие сюда неделями шляются, пока не поставят их стенку подпирать за двадцать два франка в сутки, а вам, видно, рольку хотят дать. Вот и у вас будет наконец специальность. А правда, внешность ваша сильно подходящая, как вы раньше не догадались?

Тут необходимо заметить, что внешность Герасима Гавриловича совсем не та, что у Бориса Гавриловича: как всем известно, рост Бориса Гавриловича небольшой, Герасим же ростом очень длинен. Волосы Борис Гаврилович профессионально мажет вазелином, у Герасима они стоят клочьями над ушами; и носы тоже разные — у одного он сделан из хлебной корки, а у другого из свежего мякиша.

Присел Герасим Гаврилович в павильоне на лавочку, заслушавшись Конотешенку. Неужели правда жизненный путь привел его к настоящей деятельности? Четыре сбоку, ваших нет! Неужели он открыл самого себя, как указывали греки? Неужели и время, и пространство, и климат подойдут ему наконец?

Еще часа полтора прождал Герасим Гаврилович бок о бок с разбойником. Испанские кавалеры пошли на бильярде играть. Ребеночка увели. Что за перегородками делалось, неизвестно. Скука собралась было погубить Герасима Гавриловича, как вдруг велели ему и разбойнику вставать.

От помады и краски на лице стало его слегка подташнивать. Навели ему брови, скрестили над носом.

— Идите к аппаратам, — говорят, — будет вам первая проба.

— Не смотрите, — кричат, — в аппарат! Не смотрите, — кричат, — в лампионы!

Четыре сбоку, куда же смотреть? В фонарь — ослепнешь, в аппарат — чего доброго скажут — не фотожених.

— Смотрите в подставку, выберите себе какой-нибудь безобидный гвоздик и сверлите его!

Выбрать-то выберешь, а ну как его возьмут отсюда да и унесут с подставкой вместе?

Пошло! Колесики вертятся, свет шипит, заведующий освещением тут как тут, начальник в тысячной фуфайке покрикивает:

— Туды! Сюды! Комса! Еще! Анфас! Пошли!

Тьфу ты черт! Конотешенко из глаз скрылся.

А рядом с Герасимом Гавриловичем, чтобы расходов меньше, разбойник тоже вертит-крутит бровастой рожей и к команде прислушивается.

За ответом велели явиться через три дня, заботу о снятии вазелина с лица от себя отклонили. Вернулся Герасим Гаврилович домой в три часа пополудни. На улицах никого, завод гудит. В «Кабаре» пусто. У Бориса Гавриловича в парикмахерской послеобеденный отдых: дама завивается.

И думал Герасим Гаврилович о том, что, если выпадет ему такая звезда на шею, что окажется он фотожених, вся его жизнь пойдет по-новому. Денег будет хватать. Будет он сниматься — знакомым карточки дарить. Жена начнет кое-чему в жизни радоваться. Борису Гавриловичу утрет он нос,

18

своему знаменитому братцу. Настанет день, и съест он вдруг что-нибудь вкусное или штаны новые купит... Не каждому в жизни счастье, не каждый — фотожених. Вот Конотешенко, уж какие, кажется, знакомства в анонимном обществе, а и тот не артист. Если выпадет Герасиму Гавриловичу такой счастливый орден, значит, определилась в этом мире его судьба, нелегкая судьба пехотинца и маневра.

Долго ходил-бродил он в тот день по улицам. На завод раздумал возвращаться: странно как-то актеру на завод идти. Домой он вернулся под вечер. На дворе китайцы друг друга водой поливали, у богатых жильцов граммофон наяривал модный танец, и собственно его, Герасима Гавриловича, дети на всю лестницу шумели.

Умылся Герасим Гаврилович, испачкал полотенце. Жена пригорюнившись сидела у кухонного стола.

— Мне бы с тобой окончательно поговорить надо, — сказала она ему как-то даже ласково. — Не найдется ли у тебя свободных полчасика? И можешь ли ты еще логически мыслить?

Он заулыбался, попросил обождать три дня и снова вышел из дому. Это был тот самый час, когда над бакалейным магазином фонарь зажигается, когда вкусно пахнет биточками из открытых дверей ресторанчиков, когда, наконец, и неугомонный Борис Гаврилович запирает свои двери, запирает ставни, но работу не прекращает: с заднего хода он принимает известных ему клиентов. А с улицы легонько попахивает скрытой парфюмерией, виден в щелку розовый свет, да если приложить к ставням ухо, слышно цык-цык-цык, как цыкают легкие, длинные ножницы.

Стоял Герасим Гаврилович и слушал это цыканье, и хватало оно его за душу, словно трубная музыка. На улице было темно, пусто и безрадостно. Он думал о себе, о жизни своей, вредной и безалаберной, о тяжелом времени, чужом климате и о законе географического пространства, по милости которого лишился он, собственно, своей законной почвы. А ножницы тихонько цыкали за ставнями, и продолжало пахнуть вокруг пылью и парфюмерией.

Три дня прошли. Герасим Гаврилович то лежал на кровати, то шлялся по улицам. Денег призаняли в счет будущего. Жена плакать перестала. Трое маленьких детей в школу собрались идти — самый возраст им делаться грамотными людьми.

Наступил Герасиму Гавриловичу срок возвращаться в анонимное общество.

Все по-прежнему под высокой крышей, только душнее

немножко. Разбойник уже дожидается своей участи, сидит. Присел и Герасим Гаврилович. И видит: непонятные какие-то аппараты стоят, и люди ходят, озабоченные и тоже непонятные, а лампионы горят всё какие-то скучные. Конотешенки не видать. И стал он размышлять о своем близком будущем: что за роли придется играть, может быть, какие-нибудь совсем маленькие? Может быть, придется личности изображать какие-нибудь неуважительные? Может, ему начнут замечания делать, грубо ругать? Или испортит он ненароком своей физиономией пластинку и потащат его в суд убытки платить?

Как-то тоскливо становилось у него на душе в ожидании часа. Рядом разбойник сжимал кулаки и губу закусывал, разбойнику не сиделось. Томился Герасим Гаврилович, даже спать неожиданно захотелось.

Через сколько-то времени вышло начальство.

— Вы, — говорит разбойнику, — можете идти на все четыре стороны: в вас мы не нуждаемся. А вы, — Герасиму Гавриловичу, — действительно фотожених. Ничего против этого не возражаем.

Кровью налились глаза разбойника, и пошел он прочь. А Герасим Гаврилович остался стоять посреди павильона. Вышел кое-кто на него посмотреть, тысячная фуфайка в глазах замелькала.

— Идите, — говорят, — гримироваться — через полчаса съемка, покажем вам, что делать.

Стали Герасима Гавриловича красить, брови скрещивать. Не пристает к нему нынче уголь, намучился гримировщик. Пришел Конотешенко, робко со стороны на друга посматривает.

— Выпал вам жребий, — шепчет он, — Герасим Гаврилович, старайтесь! Вас потом в Испанию повезут, за сто франчков в сутки, на всем готовом. О вашей необыкновенней внешности разговор вчера у начальства был.

Надели на Герасима Гавриловича лохмотья, вывели. Стало ему не по себе. Зачем, думает, тогда о фраке спрашивать было?

И вот выходит из невидимых дверей испаночка, роняет кошелек. Кошелек бисерный, вязаный, черт его знает, что в нем! Стоит Герасим Гаврилович, как пень, двинуться не может. А ему надо этот кошелек поднять и на груди спрятать и осторожно стушеваться как ни в чем не бывало.

— Подымите, — кричат ему, — раз вы фотожених. Дело за малым, главное вам бог послал (или что-то в этом роде).

Стоит Герасим Гаврилович, смотрит на кошелек. Берет его

сомнение, робость охватывает. И то, что у всех на виду пройтись надо, и то, что кошелек чужой, — все его смущает.

Фуфайка ему повторяет:

— Вам сегодня выходит чужой кошелек поднять. Оброненный кошелек, с золотом. И предстоит вам его себе на грудь сунуть. У вас подходящее для этого выражение лица.

Смеется испаночка, и люди смеются, но кое-кто сердиться начинает.

Решился Герасим Гаврилович. Поднял кошелек и пошел отдавать его фуфайке. И видит: стоит сбоку Конотешенко, и стыдно Конотешенке.

— Вам, — говорит, — жребий выпал.

Объяснили в третий раз, отмерили шаги. Опять пошла испаночка кошелек ронять.

Бросился Герасим Гаврилович за ней, схватил кошелек с полу и ей в руку сует. Аппаратчики даже выругались французским словом, на свое терпение перестали надеяться.

Не бывать Герасиму Гавриловичу артистом.

— Разгримируйте, — говорят, — этого фотожениха. Ну его к лешему!

Испаночка на него смотрит с сочувствием:

— Может быть, ему попробовать гранда сыграть? Он мне нравится.

До гранда ли тут! Пошел Герасим Гаврилович снимать с себя испанские лохмотья, стирать с бровей сажу. Вздумал было перед уходом Конотешенку поискать, да тот скрылся куда-то.

Никто ему вслед не посмотрел, никто на него не оглянулся. Так и отправился он, не попав в ногу с веком, от тех мест домой. Хладнокровно пошел он, вечернюю французскую газету купил по дороге — опять объявления читать. Припомнились ему кое-какие прежние победы на житейском фронте, да уж очень давнишние, о них распространяться не стоит.

В тот день ближе к ночи я его встретил.

— Что, Герасим Гаврилович, как дела? Как с мосью Рено личные ваши отношения?

— Прерваны отношения.

— Как здоровье вообще и в частности?

— Глаза болят третий день, режет мне глаза дневное освещение.

— Что так?

Тут он мне все и рассказал.

— Как, — говорит, — Гриша, слышал ты нечто подобное? Или, может, в газетах читал?

Я подумал с минуту. Говорю:

21

— И не слышал, и не читал. В газетах теперь все больше, наоборот, про выдающиеся подбородки пишут, про то, как люди жизнь достигают. А про вас, боюсь, никто, пожалуй, и читать не станет.

И никакой жалости не почувствовал я в тот момент. Жалость мы вместе с багажом тогда в Севастополе оставили.

1929

ЗДЕСЬ ПЛАЧУТ

Был Национальный праздник на Национальной площади. Был вечер 14 июля сего года.

Там, где на заходе солнца обычно сидят наши и крутят пальцами или гуляют, беседуя, был устроен помост. Там сидел оркестр из четырех человек, заранее подрядившихся играть весь вечер один-единственный вальс. Грустно и громко бил барабан, кружились парочки, густой стенкой стояли зрители: было на что посмотреть.

На сей раз парочки были настоящие, танцевали кавалер с барышней; попадались, правда, и кавалеры по двое, но редко, и на них мало кто обращал внимание.

Танцевал местный лев — не удалось мне узнать, чем этот лев себе на жизнь зарабатывает, — танцевал китаец, надев канотье на правый глаз, танцевало мое начальство, мой контрометр в голубых подтяжках, между прочим — член французской компартии.

А остальная беспартийная публика, вперемежку с арабами, стояла в кружок, вытянув руки по швам.

И много было в этой публике дорогих и даже бесценных лиц, выбритых не только по случаю Национального праздника, но и по случаю воскресенья. Проборы шли по головам светлым шнурочком и, заворачивая в восьми с половиной сантиметрах над ухом, огибали макушку вольной линией, опускаясь к крахмальному воротничку. Крахмальный воротничок чистоты самой первой стоял как вкопанный, чего как раз нельзя было сказать о галстуке, изгибавшемся и извивавшемся почем зря на груди немало претерпевшего человека. Компле вестон синего, а то и черного цвета, схваченный в талии незаметным стежком портного, облегал подчас самые кавалерийские формы, так что иному становилось за носителя компле вестона гордо. Начищенные башмаки и пестрого рисунка носки были менее видны по причине сумерек. Сами же бесценные лица были, как всегда, несколько бледны и одутловаты от тяжелых забот и не бог весть какого питания. Даже в праздник не видно было в них счастливой сытости, а все больше проглядывали нервы. Лица ходили по площади, то отсюда, то оттуда, поглядывая на танцы. Темнело небо, дома заволакивались вечерней серостью. Барабан бил грустно и хорошо.

Мы сидели втроем, Щов, Петруша и я, под холщовым высоко подтянутым навесом «Кабаре». Петруша, собственно

23

дорогой мой Петр Иванович, никак не мог согласиться со Щовым, одноротником своим, относительно того, где оба они находились под утро 23 декабря девятнадцатого года. И если по сю сторону известной крепости Б., то почему с ними не было полковника Маймистова? Спор продолжался в тот день с утра, с небольшими перерывами.

— Гриша, скажи ты ему, — кричал мне Петруша, Петр Иванович, — что же ты молчишь? Подтверди, что в тот день он пьян был и потому у него воспоминания мотыльком вылетели. Ведь если бы мы стояли по сю, не отлучился бы Маймистов в штаб, упрямая душа, сидел бы он с нами, как самый наш неразлучный друг.

— Я не был пьян, — отвечал Щов, — то есть не мог я пьяным быть по причине того, что это была среда.

— Среда! Да он спятил, ей-богу. Гриша, верь мне, это понедельник был! Да что ж ты, право, молчишь?

Зачем понадобилось им выяснять все эти давно прошедшие подробности? Он, Петруша, Петр Иванович, хотел, как он мне потом признался, приступить к написанию военной истории, чтобы отпечатать ее хотя бы для ради бога в трех экземплярах: для себя, для потомства и для любимой женщины, если таковая подвернется. Щов возражал ему исключительно для порядка.

В эту минуту из-за угла показалось видение: оно было в голубом шелковом платье до колен, в голубой шляпке; в руках оно держало коричневую кожаную сумку. Горделиво подняв голову, оно прошло мимо нас троих туда, где танцевали. Все обернулись. Оно постояло в толпе, переминаясь с ноги на ногу, и вдруг истаяло на наших глазах: с местным львом оно пошло танцевать уже известный читателю вальс.

Несколько мгновений где-то еще мелькал незначительный кусочек голубой шляпы. Толпа зрителей становилась все гуще, барабан начинал наводить тоску.

— Будет! Будет! — вскричал Петруша, когда кусочек шляпы окончательно пропал из наших глаз. — Может быть, в эту самую минуту счастье всей моей жизни танцевать пошло, а я, дурбень, сижу и полковником Маймистовым интересуюсь. Хотелось бы большего соответствия душевного поведения с обстоятельствами жизни.

— Соответствия часто не бывает, — сказал Щов, — и откуда ему быть? Разве что от хорошей жизни оно появляется.

Мы оба молчали.

— Если соответствия хотите, надо танцевать идти:

Национальный праздник на Национальной площади, оркестр играет... Что ж так сидеть?

— Танцевать мы не танцуем.

— Ты, Щов, опять не то сказал, — воскликнул Петруша, — я говорю: по мере сил надо стремиться.

— Не в нашей породе.

Он был выше нас обоих, и ему еще, может быть, была видна голубая шляпа, что-то он слишком часто поглядывал в ту сторону.

— Барабан играет. Если не танцевать, то хоть пройтись, на других взглянуть. Или как?

Петруша привстал еще раз, поискал глазами. В толпе я наконец увидел воздушное платье и коричневую сумку в маленькой руке. Виденье обмахивалось платочком. Мы все трое не спускали с него глаз. Больше не хотелось разговаривать о 23 декабря девятнадцатого года.

— Здравствуйте, Петруша, — сказал, подходя к нам, Семен Николаевич Козлобабин, коммерсант, — это не ваша машина стоит на углу? Не желаете ли заработать честным трудом, отвезти меня на Северный вокзал и обратно? Мне нужно брата встретить.

Вид у Козлобабина, коммерсанта, был озабоченный, шелковым платком повязал он шею и надел непромокаемое пальто, хотя вечер был почти жаркий.

— Вы, может быть, празднуете нынче? Тогда прощенья просим, поищу другого кого. Может быть, капитан свободен?

Щов не ответил. Петруша сказал:

— Нет, отчего ж, я поеду.

Козлобабин, Семен Николаевич, посмотрел на часы.

— Брата слабогрудого встретить хочу, — повторил он без особого воодушевления. — Девять лет не видались.

Петруша пошел заводить мотор. Однако так просто уехать не смог: он вылез из машины и подошел ко мне.

— Я могу тебя, Гриша, попросить об одном одолжении? — сказал он. — Последи, брат, за вон той, в голубом с сумкой, с кем да с чем она пойдет и куда пойдет. Понял?

Я глазом не моргнул.

— Хорошо, Петруша дорогой, послежу.

Садясь в машину, Семен Николаевич Козлобабин сказал мне:

— Может быть, и вы, Григорий Андреевич, прокатитесь с нами? Место есть. Могут представиться кое-какие впечатления: вдруг поезд увидите или раздавят кого — ведь вы это любите?

Может быть, вам какая-нибудь интересная мысль в голову придет?

Я опять глазом не моргнул.

— Нет, благодарствуйте, за мыслями гоняться — жизни не хватит. Лучше я здесь с капитаном посижу.

Остались мы со Щовым на своих местах в молчании.

Темнело. Кальвадос в рюмках распространял душистость. Люди на танцевальном кругу безобразия устраивали.

— Что это как будто коммерсант наш не слишком брату радуется? — сказал Щов. — Ему бы прыгать, то есть знакомых и незнакомых на улице обнимать, а он обыкновенный.

— Делает, значит, опять не то, что моменту соответствует.

— Вот именно.

— Я, однако, капитан, тоже, может быть, не совсем сейчас делаю то, что надо: мне, может быть, есть причина ужасно кое-кого ненавидеть, но я молчу.

Он посмотрел на меня удивленно.

— Может, и мне есть, — сказал он со значением, — может, мне прямой смысл сейчас в открытую борьбу вступить.

— Значит, и вы сами тоже не всегда в соответствии с обстоятельствами находитесь.

Он словно что-то вспомнил, заломил на затылок кепку, вытер ладонью влажный лоб. Смотрел он на меня, будто колеблясь в чем-то, будто всей душой сомневаясь.

— Клянись, Гриша, что никогда, как бы трудно тебе ни пришлось, как бы ты ни обанкрутился, не обнародовать того, что я тебе скажу.

— Ну вот!

— Поклянись.

— Да где же обнародовать-то? Что я, писатель, что ли? За кого вы меня принимаете? Да и сколько за это могут дать?

— Так клянешься?

Куда ни шло! Я поклялся. Он начал рассказ... и я на время забыл о голубой шляпке.

— Было это сорок веков тому назад, было мне двадцать восемь лет, и был я женат, да не на Марье Сергеевне, а всего только еще на Марии Федоровне, которая в тот самый первый год нашего супружества сбежала от меня с поручиком Царским, а потом умерла от родов в городе Бахмуте, Садовый переулок, дом три.

Жили мы в то время, то есть о каком я рассказываю, не в Садовом переулке, а в Горшевой улице и, как молодые супруги, жили в доме отца Марии Федоровны, тестя моего, Федора Петрова, и Петрова опять-таки по фамилии.

Ну, то есть жили. Тесть — отставной штабс-капитан, ни в каком сражении, однако, не бывал отродясь — так ему посчастливилось, не то что нам с тобой. Однако любил тесть про военную жизнь рассказывать. Сидим мы в праздник, сумерничаем, бывало, а тесть как зальется про маневры, так и не оборвешь. Ходил он с палкой, вид имел внушительный, не без приятности. Маленький капитал, весь то есть какой только у него был, отдал он дочери Марии Федоровне в день замужества, а себе оставил пустяк-кроху, чтобы лишь поесть, попить и белье сменить. Ну прямо скажу я тебе, был пупсик, а не тесть.

Однако времечко бежит, тестю шестьдесят один год накручивает. Вот в одни прекрасные весенние сумерки, только настроился он парад один вспомнить, хватает его кондратий, сперва за язык легонько, а потом сильнее за руки-ноги. На следующий день умер Федор Петрович.

Мария Федоровна плакала день, плакала ночь и еще день. Я, по правде сказать, тоже сильно был удручен этим ужасным событием.

Дом наводнился тетушками всех родов, то есть толстыми, которые больше шныряли по кладовым, и худыми — те по ящикам шкафов. Панихиды служили два раза в день, угощение гостям подавалось тяжелое. Покойник смирехонько лежал себе в зале в углу, том самом, где до и после этого всегда канарейка пела.

Наступает день похорон. Утро, солнышко блестит, цветы цветут. В доме народ собирается, причт, родственники, гости. Стою я в нашей спальне, платком сапоги обмахиваю, вполне готов выходить, да Марья Федоровна никак вуаль к шляпе приладить не может: оборвала она вуаль, когда шляпу с полки брала, наспех была вуаль пришита, с прошлых похорон. А приготовить шляпу необходимо: после литии сразу — вынос, и тогда уже минутки то есть нет с вуалью туда-сюда носиться.

Стою я посреди комнаты и вдруг слышу в окно, в раскрытое окно нашего первого этажа, по тихим улицам издалека идет кто-то с гармонью, среди бела дня какой-то не вполне трезвый элемент на гармошке играет и поет.

Сначала все это было едва слышно, сначала то есть была еще надежда, что минует нас гармонь сия, что пройдет она по другой улице, по соседней. Но вот завернула компания прямо на Горшеву, и песня зазвучала на всю улицу, с неистовым горланом, с перебором трехрядной, да таким, что я ни до, ни после такого не слыхал:

Если барин без цепочки,
Ето значит без часов.

Я сделал несколько шагов к окну и увидел самого певца, приседающего на каждом шагу, уперлего глаза в небо, раздвинувшего локти во всю возможную ширь, гармонь так и ходила у него в руках. А за ним человек восемь мальчишек неопределенного возраста, бегут, забегают вперед, колесом ходят, хохочут...

Дрожь прошла по мне от этой цепочки и этих часов. Песня уже подходила под самые наши окна; гармонь (и откуда такое получиться может?) выщипывала, вытягивала, выматывала, выбрякивала, выхлестывала, вытеребливала, выкостыливала и выверстывала такие, простите, нотки, ну прямо что-нибудь особенное.

И вот тут я не выдержал, перестал моменту соответствовать, то есть покойнику и выносу его. Тут нечаянно, кто его знает как, передернул я то есть в такт плечами. Мария Федоровна не заметила этого. Она, как было сказано, прилаживала вуаль. Она так была занята, что совершенно машинктивно, с булавкой во рту вдруг подпела три нотки и сейчас же умолкла, а затем, положив шляпку на комод и сказавши тихонько тра-ля-ля, сделала два маленьких шажка вбок, пригнув при этом голову к плечу.

Я переступил ногами, Мария Федоровна оглянулась, видимо, разбирало и ее, а впрочем, кого больше разбирало, неизвестно. Она вдруг протянула мне обе руки, и мы сперва потоптались на месте, поймав музыку ногами, потоптались между комодом и швейной машинкой, а потом понеслись полькой по комнате заодно с гармонью:

Если барыня в корсете,
Ето значит без грудей.

Внезапно музыка оборвалась: городовой на углу прекратил ее. Мы остановились, все держась друг за друга. Не удержавшись, упала Мария Федоровна мне на руки, я испугался, голова моя пошла кругом; я распахнул дверь и вытащил, жену то есть, в зал, на первое место, впереди всех тетушек. Начиналась лития.

Щов замолк, и я увидел, как глаза его так и скосились в ту же сторону, что и мои; там из круга, ставшего за это время многолюднее и шире, вышло видение: носик — пуговкой, шляпа уже несколько фик-фок. А за ней местный лев

28

увивается, сумку ее кожаную несет и цветочек с себя отшпиливает.

Щов кепку сдвинул с затылка и вскочил:

— Должен идти. Обязан. Никак невозможно этого допустить.

Он бросился за ними сквозь площадь. Барабан бил и рвал душу.

И стал я потихоньку припоминать свое собственное несоответственное поведение, когда вот так, или почти так, пускался я в пляс не вовремя, сколько раз ходил с шестерки, когда надо было ходить с туза. Сколько раз смеялся не вовремя и был пьян среди трезвых. Или хотел домой к маме, когда надо было в поход идти. Кто только не испытывал подобной дряни! Конечно, я не говорю об иностранно подданных — те, разумеется, всегда всё вовремя делают.

И вот прямо напротив меня, собственно, у входа в отель «Каприз», останавливается Петрушина машина. Вылезают из нее Семен Николаевич Козлобабин, коммерсант, и слабогрудый брат его, приезжий, на вид лет пятидесяти, в темной рубашке, без всякого галстука, в картузе забытого фасона и с серьгой в ухе. Петруша мой подушку из автомобиля вытаскивает: всего багажу у слабогрудого Козлобабина — подушка в ремнях да кулич в газете. Озирается слабогрудый по сторонам, барабана немножко пугается и за Петрушей следит, как бы Петруша, значит, его кулич не упер. Семен Николаевич берет его под локоть и говорит:

— Не пугайся, Коля, барабана, это у нас тут Национальный праздник: взятие Бастилии, ты, конечно, еще лучше меня знаешь, что когда произошло в этих рамках истории. Тебе, дорогой, необходимо что-нибудь с дороги выпить, пропустить рюмочку или залить за воротник стаканчик чего-нибудь жизнерадостного. Петр Иванович пронесет твои вещи прямо в номер, ему мадам покажет. Тут нас все очень знают и уважают, тут тебе как будто стесняться нечего.

Подходит Семен Николаевич, коммерсант, к моему столику, знакомит меня с братом, рекомендует. Садятся они и продолжают свой братский разговор:

— Так вот приехал ты, значит, к нам, вырвался, так сказать... А мои, понимаешь, на дачу выехали, так что я сейчас один. У меня тут, знаешь, дела, мне выехать никак невозможно. Ну да это тебе неинтересно; расскажи лучше, как Миша, жив? А Анна Петровна? Куроедовы где? Целы?

— Целы.

29

— Марусю не видел перед отъездом? С Дона писем не получал? Там ребята небось уже в школу ходят?

— Ходят.

Сидит слабогрудый Козлобабин, и по всему ясно — барабан слушает, кругом себя смотрит, и дивится, и волнуется немножко. Подходит Петруша, наклоняется ко мне:

— Последил?

— Последил. Пошли вдвоем, а Щов за ними погнался. Не было бы драки. Я на твоем месте сыграл бы пас.

Петруша закусил губу, сел и тоже стал братский разговор слушать.

Собственно, я врать не хочу, никакого разговора у них не было. Козлобабин, коммерсант, то спрашивал брата о самых различных людях, то потчевал его ликерцами, то пояснял свое собственное материальное положение. Брат же сидел неподвижно и молча, только иногда вздрагивал и словно настораживался. Он то смотрел на нас с Петрушей, будто оторваться не мог, то озирался на все шумнее веселившихся людей кругом, на танцующих, на смотрящих, на обнимающихся, на гоняющихся друг за другом китайцев, на изящных, грудастых и любезных девушек из колбасной, молочной и булочной.

На дальнем углу, где тоже было небольшое кафе, которое мы усердно старались не посещать, объявились свои собственные музыканты, запиликала скрипка, загудел контрабас и медью поплыла на нас труба оттуда — насколько я понимаю в музыке, два оркестра играли одновременно совершенно разное.

И странное что-то начало происходить со слабогрудым козлобабинским братом, он стал ежиться и наклоняться над рюмкой, руки под столом спрятал и покраснел. И вдруг мы увидели: слеза пошла у него из глаз колесить по щеке. Даже странно.

Коммерсант Семен Николаевич на полуслове оборвал родственную речь, приезжий смутился, вытянул из кармана платок — долго его вытягивал. Платок от железной дороги выглядел грязным.

— Да ты что, да ты никак плачешь, а? — спросил Семен Николаевич.

Приезжий виновато поднял на нас с Петрушей глаза.

— Да чего ты? Гляди, музыка играет, люди веселятся, сегодня праздник тут. Танцуют. О чем ты?

Приезжий стал смотреть себе в колени, и вторая слеза поползла у него по другой щеке.

— Простите, товарищи, — сказал он тихо. — Извиняюсь.

Петруша покраснел и заерзал на стуле:

— Покорно прошу товарищей в покое оставить, крайние элементы наши услышать могут и скандал устроить.

Приезжий прикрыл лицо рукой, руки у него от путешествия тоже были не такие, с какими к заутрени ходят. Ногти тоже.

Семен Николаевич смутился:

— Да ты что же странный какой-то, Коля! Чем тебя утешить, не знаю.

Я подвигал блюдцем.

— Может быть, любимый предмет дома оставили?

Слабогрудый брат Козлобабина не двинулся.

— Может, в дороге потеряли что?

— Или у вас с дороги что болит?

— Может, жалеете, что потратились?

Приезжий молчал, закрыв лицо руками. Неловко становилось на него смотреть. Петруша не унимался:

— Может быть, вам этот самый Национальный праздник не по вкусу?

— Может, вам жалко, что в Москве так не пляшут?

— Или там каждый день пляшут, а у нас раз в год, и вы нас жалеете?

Он все сидел не шевелясь и не отвечая на вопросы, а на столике почему-то стала тихонько дрожать его рюмка. Невозможно было понять причину этого полного несоответствия.

Все-таки было ему немало лет, и был он брат Семена Николаевича Козлобабина, человека с достатком, у которого жена и дочь на дачу выехать ухитрились. Был он человек приезжий, а у нас был праздник на нашей площади, где одни гуляли под ручку с девушками из колбасной, а другие — с девушками из булочной. И вот соответствия между его настроением и настроением танцующих вальс как-то совсем не было заметно.

— Пойдем-ка лучше баиньки, — сказал вконец смущенный Семен Николаевич. — Агусеньки! Пора тебе в постель, одурел малость с дороги.

Но приезжий открыл наконец лицо. Оно оказалось теперь совершенно сухим, и всем полегчало. Козлобабин взял брата под локоть, заплатил за себя и за него, и пошли они устраиваться в отель «Каприз».

Мы остались вдвоем с Петрушей. И опять мы увидели видение. На сей раз оно шло под ручку уже со Щовым и

31

смеялось всеми своими перламутровыми зубками. Петруша не выдержал и бросился ей представляться. Может быть, и мне надо было воспользоваться минутой? Но я не двинулся.

Я посидел еще немного и послушал оба нанятых по предварительному соглашению и играющих разное оркестра. Ночь подползла, подплыла, подлетела, не знаю, как лучше выразиться. И вдруг зажгли фейерверк. И еще начали танцевать на третьем углу, там, где зимой торгуют улитками и разными ракушками, там кто-то из наших затренькал на балалайке.

Фейерверк шипел, красиво и безопасно разлетаясь в небе, визжали, какие были, дети, а женщины жмурились и закидывали голову, если знали, что жмуриться и закидывать голову им к лицу. В небе, где должна была быть луна, только и видны были что зеленые да красные искры. О луне просто никто не вспомнил, а о звездах и говорить нечего.

И хорошо, пожалуй, что слабогрудого брата Козлобабина увели до всякого фейерверка, фейерверк мог довести его черт знает до чего, если одни фонарики заставили мужчину, да еще закаленного в житейских боях, плакать. А какой такой мужчина в наше время не закален в житейских боях? Нет, по-нашему, такого мужчины.

1929

СЛУЧАЙ С МУЗЫКОЙ

Иван Иванович Кондурин возвратился домой в обычное время. Если хотите знать, в восемь часов без четверти. Жена, Александра Павловна, стряпала; две тарелки, две вилки, два ножа, солонка и хлеб стояли на столе. Иван Иванович присел на стул и продолжал размышлять.

— Ты что там делаешь? — закричала из кухни жена. Всякая тишина причиняла этой женщине беспокойство.

Иван Иванович внимательно осмотрел свои руки. Иван Иванович когда-то был музыкантом.

Был он, собственно, в молодости своей тапером (во время царского режима и вальсов Сивачева), а потом уже стал аккомпаниатором. Когда в семнадцатом году на Руси всякая танцевальная музыка на время прекратилась и играли больше военные, стал Иван Иванович аккомпанировать туда и сюда по маленькой. Теперь Иван Иванович служил в мебельном деле по счетной части.

И сам Кондурин, и жена его были люди не совсем обыкновенные, Биянкур не часто таких людей видит. В прошлой жизни у обоих были возвышенные переживания, порядка, так сказать, самого идеального: Иван Иванович один класс консерватории прошел и не раз, и не два, и не три на эстрадах при полном зале певцам аккомпанировал, а Александра Павловна едва по другой части не выдвинулась: однажды вздумала она написать небольшой рассказ на захватывающий сюжет из настроений женской души. (Откуда смелость взялась?) Послала она его в редакцию одной столичной газеты, и — «Митькой» звали этот рассказ! — больше она его не видела. Редакция нахально рассказа не напечатала, рукописи не возвратила и ни в какую переписку по поводу нее не вступала. Но прошлое идеального, так сказать, порядка не влияло на характер Александры Павловны.

Иван Иванович смотрел на свои руки. Он был музыкантом, он умел когда надо и трель пустить, и правую руку за левую закинуть, и, сжав кулак, ногтем большого пальца провести по клавишам, как тряпкой, до самых последних нот — все это во времена царского режима и вальсов Сивачева. Позже Иван Иванович едва не погиб, а еще позже — эвакуировался с малым количеством багажа и уже в Париже поступил на службу в мебельное дело. Случилось это два с лишним года тому назад.

— А ведь это трагедия, Шурочка, — говорил он иногда по

воскресеньям, — трагедия, малютка, что я в мебельном деле служу, не свое дело делаю. Дан мне Богом талант, всю жизнь был я причастен к искусству, и вот силой вещей, попав в экономический плен истории, стал я служить по счетной части.

— Несомненно трагедия, — отвечала на это Александра Павловна обыкновенно уже из кухни. — Игра рока с твоей беженской личностью.

И затем уже переходила на более хозяйственные темы разговора.

Но однажды, обзаведясь в Биянкуре многими частными знакомыми, в одно из воскресений, придал Иван Иванович разговору с женой более общеполитическое направление.

— Вот, — сказал он, — выясняется, что трагедия-то происходит не со мной одним, и такой-то, и такой-то, и такой-то житель Биянкура, оказывается, тоже попал не на свою должность, тоже талант свой в землю зарывает. Трагедия, выходит, у нас общая. И с Петром Иванычем, и с Герасимом Гаврилычем, и с Григорием Андреичем у меня одинаковая игра рока.

Но нельзя сказать, чтобы эта мысль примирила Ивана Ивановича со службой в мебельном деле, Нисколько. И даже наоборот. Стал он в некотором смысле по воскресеньям терять терпение.

И вот случилось так, что отправили Ивана Ивановича вместе с заведующим на большой мебельный аукцион. Отправили сразу после завтрака, в дождливый, какой-то мало заметный день.

Столпотворение торговцев по части всякой рухляди оказалось на аукционе непомерным. Из одной залы фарфоровую туалетную посуду колонками выносят, в другой ковры трясут, в третьей торг идет: торгуют каминную трубу и к ней в придачу получают бронзовую собачку. Отстал Иван Иванович от заведующего, пошел бродить по залам. От секретерчиков пройти тесно, мягкая мебель о перебивке просит, кровать шестую сотню лет стоит как вкопанная, балясины для атласных занавесок черви точат.

И видит Иван Иванович — стоит в углу рояль, после смерти виконта А. со всем барахлом виконтовым с молотка идет. И каждый кому не лень клавиш пробует: подойдет барышня, чуть согнет коленки, и два тактика какого-нибудь прелюда Рахманинова уже готовы; или господин — пошляк, конечно, — тот сейчас фокстрот, быстро так, только его и слышали; или вдруг неинтеллигентный тип какого-нибудь французского чижика отбарабанит.

Удивился Иван Иванович непринужденности публики, потихоньку вышел. И видит — во второй зале опять рояль, а кругом никого. «А вот, — думает, — испробую и я какой-нибудь вальс Сивачева». Подходит, шапку кладет и как...

Только клавиш того проклятого рояля оказался заперт; осмотр того инструмента начинался только со следующего дня.

Тут позвал Ивана Ивановича заведующий, повел его наверх, научил, что ему делать, как цену им друг у друга перебивать по маленькой, условились обо всем и приступили оба к торгу. И не прошло трех часов, как за ними остались два кресла, небольшое изящное маркетри, книжная полка Генриха Второго и шкап с секретцем.

В тот день вечером вернулся Иван Иванович домой, задумался и стал руки свои разглядывать. «Неужели, — думает, — этими руками мне трагедии не одолеть? Неужели же нет никакой возможности прямым делом своим заниматься?»

Всякая малейшая тишина сильно тревожила Александру Павловну.

— Ты что тут делаешь? О чем думаешь?

Иван Иванович от жены секретов не имел.

— Я, — сказал он, — сегодня рояль на аукционе видел. Хорошо бы, Шурочка, возобновить мое настоящее дело, хорошо было бы куда-нибудь по музыкальной части устроиться, малютка.

Она села напротив него, взяли они немного супу себе в тарелки.

— Ты, — сказала она, — у меня всю жизнь против течения боролся, напролом шел. Непременно возобнови свое настоящее дело, наперекор всякой трагедии.

— Да может, она давно кончилась, малютка? Может, она выдохлась, и теперь — пожалуйте бриться! — собирайтесь с силами для новой жизни.

Все это были беспокойные вопросы, и Иван Иванович готов был без конца повторять их себе на все лады. Он думал, что с него именно и должна была начаться в Биянкуре всеобщая перемена: бросит он мебельное предприятие, устроится по музыкальной части, и начнет с этого случая заканчиваться всеобщее неустройство, каждый за каждым свою настоящую жизнь найдет. Показалось ему, что он для этого свыше отмечен.

И такая воображаемая победа ночью, когда он лежал в кровати, окончательно взбудоражила его. Встал он потихоньку в одной рубашке, подошел к окну — он, может быть, двадцать лет ночью к окну не подходил. Смотрит: в небе луна бежит, облака белым дымом на Париж идут, знакомая труба между звезд чернеет. Захотелось ему воздуху глотнуть — черт его знает, каков ночью этот ихний воздух, сколько лет не пробовал! Открыл он окошко, стало ногам свежо. Выглянул на улицу. Пешеход прошел, шатается, «Во лузях» напевает, долго слышно. И ветерок потихоньку веет, ну совершенно как в апреле!

— Что это ты там стоишь и молчишь? — спросила Александра Павловна, проснувшись.

— Это я так себе, сейчас лягу, — ответил он.

И действительно тотчас лег.

И снилось ему его прошлое идеального порядка, и встал он поутру мрачный от этих снов.

В тот вечер, когда повернулась наконец его судьба, сидел он перед окном и воспринимал с большим вниманием все то, что только ни делалось перед ним. Ему казалось, что и со всеми людьми на улице творится что-то в высшей степени серьезное и многозначительное: бежит девочка — уж не в аптеку ли? Верно, помирает кто-то... Ах, напрасно, девочка, ножки бьешь, сегодня аптеки закрыты... Прощаются двое на углу — не в тюрьму ли идти вон тому, высокому? Что-то они слишком долго друг другу руки трясут. Верно, отбывать срок время пришло... И женщины, хитрые женщины, в подворотне судачат только для вида: вот сейчас плеснет одна в другую серной кислотой, знаем мы эти разговоры!

А опуская глаза, Иван Иванович видел на коленях у себя утреннюю газету, там тоже были намеки на великие в мире катастрофы и возможности: жулик жулика по объявлению разыскивает с тайными целями банк взломать; в Антверпене пушку изобрели новую, сама стреляет; с Южного полюса на Северный телеграфируют о пропаже собачки. И так далее, прямо в глазах темно. И вот кто-то звонит в передней. Уж не пожар ли?..

Нет, это пришел в гости известный коммерсант Семен Николаевич Козлобабин, старинный Ивана Ивановича приятель.

Семен Николаевич Козлобабин, к удовольствию Александры Павловны, прямо приступил к делу: он решил открыть небольшое уютное кабаре на двенадцать столиков, чтобы кое-кому напоминало о прежней красивой жизни, чтобы можно было, кроме всего прочего, выпить там и настоящего русского портеру без обмана, и чаю из русских стаканов (есть такое место, где достать такие стаканы можно), и рюмочку родимого нашего перегонного винца. А чтобы доставить удовольствие своему слабогрудому брату, недавно приехавшему с родины, а себе на пользу, Козлобабин решил взбодрить кабаре музыкой: брат его слабогрудый оказался, всем нам на удивление, скрипачом.

Семен Николаевич посмотрел на Ивана Ивановича, пустил по столу волчком свое обручальное кольцо и сказал:

— Как вам кажется, дорогой друг, не угасла ли в вас искра божья? Не возьметесь ли вы за роль пианиста в моем предприятии?

Это был прямой путь к победе над многолетней трагедией Кондурина.

И мебельное дело с того дня продолжало процветать уже без него.

В кабаре известного нашего коммерсанта в первое время сильно пахло масляной краской, стены выкрасили в серый цвет, поставили столики, цинковую стойку, за стойку посадили мадам Козлобабину, наняли человека подавать к столам, другого — посуду мыть. Пианино напрокат взяли и объявили в газетах, что по субботам и воскресеньям происходят в этом месте земного шара некоторые цыганские номера, а в остальные вечера — свободная музыка (скрипка и рояль) и, если случится, хоровые выступления самой публики.

Народ повалил, потек, посыпался на скрипку, рояль и цыганское пение. Для начала программы слабогрудый брат нашего известного коммерсанта исполнял что-нибудь отдельное, из собственного репертуара, более или менее вполне серьезное. Затем Иван Иванович играл ну прямо-таки хлеставший у него из-под пальцев вальс. Когда вальс бывал сыгран, играли всякое вдвоем, уже не расцепляясь, ко всеобщему удовольствию. А потом выходила к роялю Дуня (о Дуне этой, язык себе откушу, но никаких подробностей вам не сообщу!), и Дуня эта пронимала всех и каждого с первого же куплета, до того всех этот куплет касался:

> Уголок красивой жизни
> В Биянкуре есть у нас,
> Там грустим мы об отчизне
> Каждый день и каждый час!!!

К этому времени слабогрудый брат старался закусить бутербродом, а Александра Павловна Кондурина, не выдержав домашней тишины и одиночества, являлась за мужем.

Конечно, заработок Ивана Ивановича в это время сократился, но зато от трагедии осталось одно воспоминание.

Утром он вовсе не вставал, а вставал больше днем и сейчас же шел упражняться в кабаре по части всяких модных мотивчиков, тянуло его неудержимо зашагать в ногу с веком. Обедали чем бог послал, больше супом. И тут, конечно, в полной мере сказалось идеальное прошлое Александры Павловны, она вполне была довольна таким возвышенным поворотом своей женской судьбы.

Но Ивану Ивановичу предстояло шагнуть гораздо выше по лестнице искусств: среди посетителей кабаре обнаружилась личность, большую власть имеющая и при том — французского происхождения.

Эта личность (кстати, мужского пола), весьма увлеченная игрой на инструментах и пением Дуни, а также выпив рюмочку-другую не будем указывать какого именно крепкого винца, внезапно разговорилась с Иваном Ивановичем и призналась ему в интереснейших вещах.

Во-первых, с мосью Денисом совершенно нечего, оказывается, было стесняться, то есть начисто конфузиться его не надо было: предок его в 1789 году в России тоже, может быть, романсы пел, ничего не известно. Известно только, что уехал он от здешней революции (была такая) в Петербург и там тщательно старался не пропасть. Дети его и внуки чем занимались, не сказано, может быть, тоже на автомобильном заводе работали или шоферами, даже наверное. А правнуки опять во Францию вернулись, и мосью Денис от них родился. Таким образом, предки мосью Дениса оказались своими людьми.

Во-вторых, этот же самый мосью Денис, дорогой голубчик, праправнук того, который на Руси французские цыганские романсы пел, имеет кинематограф в Биянкуре и предлагает Кондурину в кинематографе этом на рояле играть. Там, говорит, у меня на виолончели настоящий артист тренькает, сорок лет этим делом занимается. И материальное, говорит, благополучие вам сравнительно обеспечено.

Иван Иванович от жены секретов не имел.

— Как ты полагаешь, малютка, — сказал он ей, — не кажется ли тебе, что кабаре старинного нашего друга только бивуак на жизненном пути? И если уж стремиться выше, то уж валять по всем по трем.

— Что ж, — отвечала она, — коли решились начать, так давай зароемся глубже. Да и чистого искусства в кино, я думаю, больше, чем в кабаке.

И снялся Иван Иванович со своего бивуака, распрощался с братьями Козлобабиными и козлобабинской женой, определился к кинематографщику в оркестр и заиграл что надо.

Это было совсем особенное время, и кто такого не испытал, тот о нем судить не может. Иван Иванович даже слегка волосы на затылке отпустил и воротничок отложной купил для пятниц, суббот и воскресений. В понедельник надевался простой, в котором еще в мебельное дело хожено было, в понедельник отложной стирался, во вторник гладился, среду и четверг лежал в комоде, завернутый в чистый носовой платок.

В дни первых представлений, после завтрака, шла репетиция: сначала крутили драму и к ней мотивы подбирали, несложные мотивы, попадавшие драме этой в самую точку. Затем сыгрывались с очередным аттракционом, который в антрактах публику развлекал.

Были японцы-жонглеры, были куплетчики, так себе молодые люди, по виду из дармоедов, были танцовщицы, носком целились то в ухо, то в зуб Ивану Ивановичу — по правде сказать, много чего тут было.

Не прошло недели, обзавелся Иван Иванович новыми друзьями, артистами божьей милостью, не зарывшими талант свой в землю, а промышляющими этим талантом вовсю. На скрипке играла барышня в очках, будущее ее было этой скрипкой обеспечено, на виолончели — тот самый артист, о котором уже было сказано, на альте — господинчик так себе, но поднявший на ноги шутя шестерых детей и пустивший их по той же части. И еще была в этом оркестре подмога (по пятницам, субботам и воскресеньям) — солидный мужчина, ведавший за раз контрабасом, литаврами и барабаном. Это был форменный спец, таких, может быть, на всем свете больше пяти не наберется.

Александра Павловна бесплатный билет в первом ряду получила. Иван Иванович являлся раньше всех, за десять минут до начала представления, проверял освещение, смахивал суконкой табак с клавишей — табак этот был просыпан в рояль прежним пианистом и теперь постепенно вылезал из всех щелей, как какое-нибудь свинство. В залу набивался народ, рассаживался по местам, кашлял, шелестел газетами, орешки лущил. Приходили барышня и альт, может быть, у них даже роман в то время был, ничего не известно. Приходил с виолончелью гран-папа, высмаркивал с трубным звуком нос. И вот: как побежит холодком священный трепет по Ивану Ивановичу, даст он ля направо, даст он ля налево. Публика начинает волноваться. Пробегает последний сквознячок по

39

отросшим кондуринским волосам. И тогда играет оркестр марш-увертюр, как один человек играет.

А на дворе дождик идет, и, может быть, кто-то из неимущих мокнет, может, заветные мечты у кого-нибудь не исполняются, может, кому-нибудь немножко денег в долг взять хочется или так просто, без отдачи. Или в чью-нибудь голову вопросы лезут: хорошо бы своим прямым делом заняться, хорошо, если бы, например, всякой трагедии в Биянкуре пришел конец. Хорошо, если бы вдруг оказалось, что не было ни Перекопа, ни эвакуации, что по болотам не отступали и в Ростове тифом не болели.

Гремит марш-увертюр, Александра Павловна в первом ряду готовится кинодраму смотреть. Заработки, конечно, стали меньше, в мебельном деле больше платили, но не зря были у этой дамы в прошлом переживания возвышенного порядка. А на дворе, говорю, в это время, может быть, туман, ветер, может, там кто сильно завидует Ивану Ивановичу, хочет во что бы то ни стало его в благополучии превзойти, из кожи лезет. Может, там, на дворе, туберкулез какой-нибудь или отчаяние, может, еще что-нибудь похуже. Может, простите меня, читатели и покупатели, украсть там кто-нибудь что-нибудь собирается. Биянкур — это вам не дачная местность, всякое здесь бывает.

Прошел месяц, прошло два месяца. Объявилась зима. К Рождеству дело близится, всякому заметно. К Рождеству слегка кинематографическое заведение побелить требуется, нарисовать под потолком какую-нибудь арфу или бордюр пустить по стенке, чтобы к новому 1930 году загодя все готово было, чтобы этот 1930 год с честью прожить, уже многие сейчас об этом задумываются.

Только не верьте, дорогие мои, ремонтам всяким, в ремонте, по-нашему, всегда какая-нибудь хитрость скрыта: не верьте переклейке обоев, перекраске стен, не доверяйте белению потолков, новым паркетам. Если сегодня выметают ваш сор, завтра вас самих могут вымести.

Первые маляры пришли в понедельник утром и начали с задних помещений. Были это тихие люди, вежливые и аккуратные. Хозяин, потомок тех французов, что когда-то в Петербурге, вроде нас, грешных, французские цыганские романсы пели, с них глаз не спускал и с пустыми руками вокруг них бегал. Но работали маляры медленно (зато верно, прочно). В субботу к зале еще не приступали. И тогда решено было предприятие на две недели закрыть, для полного невмешательства публики в дела внутреннего распорядка.

Красоту предполагалось выявить в полном объеме: стулья

очистить и перенумеровать, занавес новый скроить и форму служащим выдумать. И еще всякие безумные планы забродили в хозяйской голове. И в субботу решил он ими с оркестром своим поделиться.

— Я, — сказал он по-французски, — не страус какой-нибудь, чтобы голову от вас под крыло прятать. Я, — говорит, — даю вам денег вперед сколько по закону полагается. Я ставлю механическую музыку, экономия — раз, на три ряда партер расширяется — два, устройство модерн — три. Очень был рад со всеми вами познакомиться.

Он сказал это перед сеансом, перед самым. В этот день была среди других и подмога, таких людей, может, с десяток на всем земном шаре наберется.

— А куда же, — говорит мягко подмога, — нам деваться?

— А, — говорит, — туда же, куда, например, деваются куплетчики и жонглеры, их тоже по шапке, потому что они тоже теперь сильно не модерн.

Тогда высказался артист, который сорок лет на виолончели бренчал.

— Да разве же это одно и то же — музыка наша и механический граммофон? Да это все равно, — тут он как задышит, как взволнуется, — что вместо жены своей, с которой сорок лет жил, вдруг такую-эдакую себе финтифлюшку взять за два рубля с полтиной!

Иван Иванович молча провел по волосам рукой, волосы его уже слегка виться начинали. Пошел он к своему роялю и сыграл вместе со всеми лебединую свою песнь — марш-увертюр.

— Мы, — сказал он, вернувшись домой и медленно раздеваясь посреди комнаты, — мы, Шурочка, опять попали в историю. И на сей раз опять не одни, скажу тебе, малютка. Тут, понимаешь, осложнение, это обдумать надобно, так просто не скажешь. Тут, кроме нас с тобой да дорогих друзей наших, еще новые люди попались, мосью один почтенный, и другой тоже очень приличный, и барышня. Выходит, что трагедия наша и другим людям принадлежит краем. Выходит, что мы с дорогими друзьями нашими как будто не одни, а к большому делу причастны.

— Если, — сказала Александра Павловна, — это так, то хоть мыслью этой утешимся, оно легче, коли ты не один. Довольно ты всю жизнь против течения стремился.

— Вот об этом тоже подумать надо. Возможно, что легче оно, а возможно, что и наоборот, значит, податься некуда

41

человеку, если уж и мосью, и барышня... Как будто оно все-таки выходит тяжелее, малютка.

На этом месте пора было свет тушить.

Может быть, кто-нибудь заинтересуется дальнейшей судьбой Ивана Ивановича, может быть, кое-кто на одну короткую минуту забеспокоится, не погиб ли он? Нет. Нисколько. Многие из тех, что в сумерки в дождливый день на Национальной площади о мосью Рено мечтают, могут даже ему позавидовать: он вернулся в мебельное дело, на прежнюю свою должность (бивуак Козлобабина к тому времени закрылся, много этих бивуаков за последнее время позакрывалось). То есть на ту самую должность, которую занимал он два с лишним года.

И можно сказать с уверенностью, что, если в мире нашем не произойдет каких-нибудь ну совершенно невозможных, ну совершенно невероятных вещей, если все будет по-старому и еще хуже, Иван Иванович места этого уже не покинет. Потеряет он раз-другой терпение в часы досуга, но действий никаких не предпримет. Потому что оказалось-то, что трагедия была не только его, моя и ваша, а прямо-таки общая или даже всеобщая.

Вот именно — всеобщая. Простите за неутешительное слово.

1929

О ЗАКОРЮЧКАХ

Мадам Клава сказала мне:

— Что это вы, Гришенька, все о каких-то своих знакомых пишете, о людях довольно обыкновенных и, прямо сказать, скучных? Одному не удалось кинематографическую карьеру сделать, другой невесту проворонил, уж не помню, что третий сделал, все какие-то бесцветные личности, право! Что бы вам написать два с половиной слова о человеке царе природы, об американской складке какой-нибудь, да так, чтобы сердце забилось и захотелось бы все бросить и к нему бежать, ловить с ним миг безумного счастья, переселиться к такому человеку в номер и сотворить с ним дивную сказку?

— Американской складки нету, — отвечал я, — американской складке откуда быть? Но есть господин один, мужчина, не мальчик, который близко был от того, чтобы такой складкой сделаться. Прямо был около того, как я около вас, близко.

— Ну и что ж? Коли не вышло у него, присочините ему конец, чтобы было заманчивее.

— Ошельмуют. Все догадались давно, что никаких американских складок на моем горизонте не имеется.

Она задумалась.

— Ну ладно, напишите тогда все, как было, а мы уж посмотрим. Напишите всю правду, и имя и отчество и фамилию проставьте настоящие.

— Хорошо.

Пришел я к себе домой, сел за стол и написал рассказ про Александра Евграфовича Барабанова. Есть такой человек, одно время нам его часто видеть приходилось.

Начал я свой рассказ с описания погоды, многие наши писатели погодой не брезгуют, собственно, некоторые только этим и прославились. То есть писатели наши, правда, больше обращают внимание на природу, да ведь зато и материальное положение их как-то лучше нашего. А у кого материальное положение неважней, тому где природу смотреть прикажете? Погода, та как-то ближе и заметнее, погода, она до самых косточек иной раз тебя проймет, до самой душеньки прошьет, особенно если дождик.

Стояла осенняя, дождливая, холодная, ветреная, сырая и скучная погода — так начал я. Неба на сей раз вовсе не было, то есть оно, несомненно, где-то было, высоко-высоко, например подле других планет, или далеко-далеко, ну хоть бы, скажем, в Орле или Казани. В Париже неба не было, были тучи. Густо шли они над нашими забубёнными головушками, попадались нам то и дело на глаза. Много было туч, больше чем надо. А на душе было бог знает как одиноко.

Александр Евграфович Барабанов вышел из вокзала на площадь, и сердце его забилось кто его знает отчего. Всего тут было понемножку: и надежды, и одинокость, и предчувствия, и безденежье, и никак не первая молодость. Всего тут было слегка нанизано, оттого и забилось сердце. Александр Евграфович постоял немного у вокзального выхода, вид у него был такой, словно он коротко Богу молится. На самом деле ему пришла в голову совершенно бесполезная, бессовестно глупая мысль: а что, думал он, как с этого самого парижского вокзала осенним, и сырым, и вредным для ревматиков ветром втянет меня обратно через вокзальный порог, да в поезд, да пойдет носить по всем моим прежним дорогам, по городу Тионвиллю (оттуда он приехал), по Льежу, Ужгороду, Белграду, Александрии, Принцевым островам, по кораблям, поездам, дорогам и рекам? А что, если окажусь я сам-друг с вошью на нижней палубе английского парохода, да как пришвартуемся мы, в качестве последнего этапа странствия, к одесским берегам? (Оттуда все и началось.) Вся эта непростительная мысль мелькнула в барабановской голове мигом и мигом пропала.

И Александр Евграфович двинулся не в обратном направлении, а все опять-таки вперед. И как это, вообще говоря, человека ноги носят?

Он сошел с лестницы, удивился количеству газет в газетной будке и обратил внимание на цветочный магазин, по левую руку, если идти к стоянке трамвая. Трамваи шли и шли мимо него без всяких объяснений. Тогда он засунул руки в карманы.

Левой рукой он что-то придержал с левого боку, там что-то такое трепыхнулось и затихло; правой рукой он нащупал бумажку, перечел назубок известный адрес, но уже как-то по-новому, по-свежему, не так, как читал до сих пор. До сих пор читал он его платонически: вот она улица, вот номер, а вот и трамвай, для них указанный. Сейчас он вплотную был у самого этого трамвая, а пройдет время — вплотную подступят к нему и улица, и дом, и...

Трамвай с Александром Евграфовичем со свистом, звоном и грохотом пустился в путь.

Что за город Париж! Никакого он участия не примет в

приезжем человеке! Будь ты семи пядей во лбу, несутся мимо тебя люди, ни один не оглянется. Может, тебе весь мир обнять хочется, никому до этого дела нет, может, тебе, как одному известному мальчику, лиса все внутренности выела, так с лисой и сиди, никто не поинтересуется. Не то что, говорю я, в Орле или Казани. И приезжие наши без остатка в таких случаях на две категории разделяются: одни говорят себе (помню, я был таким): и не надо, коли не хотите, и я не стану глазеть на вас, ну вас к лешему, хоть вы и красивы, и знамениты, и черт знает как величественны. И действительно — не смотришь на него час-другой с дороги или до самого вечера крепишься характером, волю упражняешь. Другие же, привыкнув за свои путешествия ко всяческим унижениям, так и пялят на него глаза — ничего, что Париж тебя невниманием в грязь втаптывает, наше дело маленькое, наше дело столицей мира любоваться, если довелось нам ее, вот подите же, посетить проездом. Ее, а не остров Тристан Дакунья.

Александр Евграфович не только любовался Парижем, пялил, как сказано, глаза на все, начиная с домов, увешанных вывесками, и кончая ногтем кондукторова мизинца, он с сочувствием взвешивал в мыслях каждую городскую изящную деталь, каждый прыщичек на городской физиономии. Выйдя из трамвая, он расспросил про дальнейшую дорогу и пошел уже пешком и долго стоял на одном перекрестке (известно каком), любуясь на подвешенную железную дорогу, подвешенную на каменных подпорках посреди улицы. И странные мысли проносились у него в голове. Коммерческие.

Он пришел по адресу в большой богатый дом. Швейцариха ввела его в лифт, нажала кнопку. Узкие дверцы хлопнули его несколько раз по носу и пальцам. «Ишь ты, двери-то кусаются», — подумал он. Выходя, он опять получил по шее. Он отправил машину вниз, а сам постоял с минутку на площадке. И новые мысли опять полезли ему в голову. И опять коммерческие.

Он вошел, придерживая в левом кармане то, что трепыхалось там давеча и теперь затихло. Его попросили обождать. Он с достоинством уселся, попросил стакан воды. Ему принесли воду, он церемонно отпил глоток и вернул стакан. Он старался услышать, кто говорит в соседней комнате, кто именно? Не слышится ли там голос девочки лет четырнадцати (да, уже полных четырнадцать лет, смотри пожалуйста, как бежит время!). Девочки Любочки не слышно ли голоса?

В комнату вошел барин. Это был деловик, деляга, по всему

45

видать — высокого полета птица, с чистыми-чистыми, очень чистыми руками, бритый, аккуратный, такой, словно никуда никогда из великолепного города не выезжал да тут и родился.

— Здравствуйте, Павел Петрович, — сказал Александр Евграфович, вставая в струнку. — Здравствуйте. Перед вами находится Барабанов.

Павел Петрович протянул обе руки и дотронулся до плеч Александра Евграфовича.

— А! Барабанов! Очень рад. Рад. Очень, очень рад. Поджидал вас все время.

Оба сели к столу. Бумаг на столе было видимо-невидимо, и телефон стоял тут же, и русские счеты, и пишущая машинка, вру! две пишущие машинки. И подле чернильницы — цветочек в стакане.

Александр Евграфович спросил почтительно:

— Здоровы ли, Павел Петрович? Марья Даниловна как? Мамаша?

— Все здоровы и целы, живем, не голодаем. А вы как?

— Мы слава богу. А Любочка?

— И Любочка... О вашем деле раздумывал все эти дни. Интересное дело.

— Не получая ответа на письмо и думая ускорить, сам решил двинуться, Павел Петрович. Сегодня утром из провинции прибыл, специально побеседовать с вами. Вот и Любочке привез...

— Сегодня утром? И сразу ко мне? Очень с вашей стороны энергично. Давайте поговорим.

— Вот Любочке я привез...

— И Любочка здорова, мерси. Учится, первая ученица в школе, молодец. Так как же, обмозгуем, что и как, и вместе кусочек хлеба с маслом заработаем.

Барабанов сосредоточил мысли, пошевелил пальцами и затих.

— Мне лично, Павел Петрович, комиссии не надобно, только то, что найдете нужным. Мне бы вместо комиссии патентик один пристроить.

— Ваше изобретение?

— Мое. Ходы и выходы вы все знаете, умеете всякое дело начать и кончить. Мне вместо комиссии патентик на изобретение получить, судьба моя через это устроится.

— Хорошо, это мы сделаем, это не трудно. Вы что же, прямо дельцом настоящим стали?

— Что вы! Разве станешь так просто? Это все от досуга. Мысль работает непрестанно, даже утомляешься, голова устает.

Вот и сейчас, идя к вам, уже кое-что в мозгах мелькнуло: об использовании, например, свободного пространства между подпорками городской железной дороги. Можно бы, например, у городского управления концессийку взять на устройство там гаража, или бань, или торговли, пропадает пространство, это при современной-то скученности! Или вот еще лифтные дверцы: несовершенное устройство!

— Потихоньку, потихоньку! — закричал Павел Петрович. — Для начала расскажите мне все, что знаете о том, о первом деле, о котором писали. О закорючках.

Барабанов приставил одну ногу к другой.

— Как писал я вам, Павел Петрович, работали мы по уборке военной проволоки в бывшей фронтовой полосе. Ну работали месяц, работали два, даже свыклись с этой проволокой, даже лучшего не желали. Тогда перевели нас снаряды убирать — всё по тому же старому контракту. Ну мы и с этим примирились. Нельзя, конечно, сказать, чтобы мы полюбили снаряды, как родных детей, однако не жаловались, и вот пришла мне с месяц назад одна коммерческая мысль: с кем было поделиться? Один вы можете знать, как такие дела начать и кончить.

— Ну-с, дальше.

— Мысль эта была вот она: у самого паршивого использованного снаряда имеется сбоку эдакая маленькая медная закорючка, которая представляет вполне самостоятельную ценность, как металл, разумеется. Вот и представилось мне: найти на белом свете ловкача с капиталом, хотя бы к примеру вас, Павла Петровича Гутенштама, пусть он все эти закорючки на корню купит, их посбивает (артели нашей, кстати, работу предоставит) и на вес их продаст. Там, если посбивать умеючи, на полмиллиона меди наберется. А мне за идейку патентик пристроит.

— А с кем дело вести придется, думали вы?

— Все, все обдумано, даже смешно. Сперва я сомневался: не будет ли здесь какого-нибудь противоправительственного акта? Стал узнавать у начальства: а не нужны ли кому-нибудь эти закорючки? Какое, говорят, схлопотать это дело не трудно, концессию, говорят, министр даст, губернатор, говорят, стоном стонет, не знает, что с закорючками делать! Тут обязательно согласие власти дадут, если только знать, как это дело начать и кончить.

— А от кого это зависит, от военного министерства или от гражданских властей?

— Так точно, от военного. Вы у них как бы подряд

47

возьмете: на сбивание закорючек. На откуп, значит, закорючки эти пойдут. Вы артель наймете, наших там человек тридцать находится, вместе с Андреем Никанорычем, может, помните такого по Ростову? В этом году на Успенье поп приезжал, службу служил, две газеты выписываем. Вот им и работа. Сами вы учет всему ведете, а закорючки и возить никуда не надо: по соседству, в городе Метце, промышленный завод один помещается, сталь льют. Он вам всю медь скупит и еще патентиком моим заинтересуется. Я уж знаю.

— Знакомства у вас там?

— Знакомства. В низших классах населения, но полезные, могут пригодиться.

Павел Петрович поджал губы и потянул носом.

— А комиссию вы какую хотите?

Барабанов стал стесняться.

— Мне бы только расходы по поездке окупить, наградными не интересуюсь. Патентик мой судьбу мне устроит. Патентик мой не обременит вас?

— Нисколько. Но сперва урегулируем закорючки. Сегодня же я позвоню одному крайне влиятельному лицу, наведу у него кое-какие справки, потом съезжу к другому, тоже очень интересному лицу — необходимая заручка. Из двух разговоров выведу среднее арифметическое. Приходите завтра в это же время, принесите паспорт и патент. Если среднее арифметическое будет благоприятно, сейчас же отправим ваши бумаги в специальный департамент. А с закорючек я заплачу вам полпроцента с валового, если дело полмиллиона стоит, вы получите две с половиной тысячи. Выведем среднее арифметическое, отправим патент в департамент и завтра же вечером выедем на место, чтобы мне с положением вещей ознакомиться.

Александр Евграфович встал:

— Чтобы суметь это дело начать и кончить.

Павел Петрович тоже встал. Ушки его горели и сквозили на свет чем-то розовым, словно абрикосы. Он потер руки с сухим звуком, поправил пенсне, бровь погладил.

— М-да.

— Я теперь пойду, Павел Петрович. Приветствуйте Марию Даниловну и мамашу.

— Спасибо, непременно. Так до завтра?

— И Любочку. Я ей вот прихватил...

— И Любочку непременно. Она в школе сейчас, у них занятия с прошлой недели начались. Стараются.

— Вот тут у меня...

— Непременно. Все скажу. Она вас помнит, спрашивала как-то: а что, папочка, Барабанов? Такая, право, умница.

— Приветствуйте.

Он отступал и отступал к дверям, сперва к первой, потом ко второй, входной. Щелкнул усовершенствованный замок, еще шаг один, и он очутился на лестнице, и дверь за ним закрылась. Стало тихо. Потом проехал грузовик, вздрогнул дом и успокоился. И тогда закричал со двора тряпичник.

Александр Евграфович прижал руку к левому карману. Осторожно, чуть отойдя от двери, он стал вынимать оттуда что-то, что как будто норовило выскочить у него из рук. В ладони его поместился лопоухий, с подогнутыми лапами и вялым хвостом щенок неизвестной породы, за разговором не сумел Барабанов передать его Павлу Петровичу для Любочки. Иногда покидала Барабанова по мелочам всякая решительность.

Он спустился, спрятав щенка в карман, и пошел по улице. Вот это был город! Вот это был, не сочтите за излишнюю восторженность, Париж! Серый день так и дул ветром, небо садилось на голову, шум рвал душу, с углов тянуло жареными каштанами.

Пошел Барабанов не спеша, словно был он в себе уверен, как в самом верном друге. Ему не пришло в голову поискать себе в каком-нибудь отеле «Каприз» пристанище. Денег у него было ровно двадцать три франка с копейками, да еще десятка, взятая в долг, да еще, само собой разумеется, обратный билет до места жительства. Но до завтра, до решенного отъезда, ему больше и не надо было.

Он гулял не задумываясь над направлениями, осмотрел много различных улиц, длинных и коротких, торговых и господских, несколько раз над домами виделась ему башня, но достичь он эту башню никак не смог, то вправо, то влево уходила она от него. Да оно и лучше: дойдя до башни, Александр Евграфович непременно взобрался бы на нее со всеми своими коммерческими мыслями и наверное стал бы выдумывать на ней разные штуки: а что, например, если устроить по вечерам вдоль этой башни световую рекламу? Или еще какую-нибудь чепуху в этом же роде. Походил он и по большому казенному осеннему саду, все интересуясь, запрут этот сад на ночь или нет? Тут увядание природы было в полном разгаре: фонтаны не действовали, лист носился по ветру трухлявый, бурый, прилипал к башмакам, к детским носам, к на всякий случай раскрытым зонтикам бонн и нянек.

В семь часов, порядком устав, отправился Александр Евграфович в столовую поужинать, истратил с чаевыми четырнадцать франков и снова вышел... и уже на улице покормил свой левый карман размятым хлебом. Щенок выглядел едва живым.

Казенный сад оказался заперт. Темнело на всех парах, серый воздух густел, фонари здесь и там рвали его. Потянулось время бульваром со скамейками. Он присел и сосредоточился, и папиросу зажег.

Завтрашний день не беспокоил его, совесть его была перед ближайшим будущим чиста. Достаточно было вспомнить довольный вид Павла Петровича Гутенштама, чтобы спокойно ждать приближения завтрашнего дня. Военное министерство, завод в Метце, квартира Павла Петровича, поезд, в котором Барабанов приехал в Париж и в котором поедет завтра домой, — все это сначала медленно, а потом все скорее стало носиться в голове.

Бульварные фонари побежали вдруг на него рядами, они бежали быстро, но ни один фонарь не обгонял другого, они бежали, как бусы, спущенные с нитки, как медные бусы, как круглые закорючки, высыпанные откуда-то из черного пространства. Он не успевал их считать, девяносто девять с половиной просыпались мимо него, одна последняя половинка застревала где-то близко. Эта половинка была его собственностью. Сотни тысяч закорючек летели, и Павел Петрович говорил — приятным голосом чисто вымытого столичного человека, — что...

— Засыпать воспрещено, — сказал полицейский и прошел мимо.

Бульварные фонари теперь стояли неподвижно, зато трамвай летел, тарахтя на каждой стрелке.

Барабанов перекинул левую ногу на правую, но тут визгливо пискнул в кармане щенок. Он вытащил на свет божий потомственную дворняжку. Это его протрезвило. Он поговорил с ней немного, упомянул Андрея Никанорыча, что-то туманно обещал ей на завтра.

Не нашлось у него минутки, чтобы передать подарок Любочке, все это время он был занят мыслями об изоляции токов высокого напряжения.

Кому нужны вообще эти токи высокого напряжения? Пес их знает! Изоляции этих токов было посвящено барабановское изобретение, и патент касался этого секрета. Судьба его через это должна была устроиться, судьба бывшего военного человека, и важная бумажка лежала у него в кармане, вместе с адресом Гутенштама, вместе с обратным билетом, вместе с сиреневым паспортом этого года. Все лежало вместе на широкой барабановской груди.

Впереди была независимость. Гуляй, душа, уезжай, приезжай, о новом открытии думай!

Он поднял воротник. На бульваре теперь было по-ночному тихо. Он решил, что щенок нагулялся, и опять положил его в карман. Мысль его вернулась к письменному столу Павла Петровича. А от него — к Любочке.

Она теперь сладко спит, смыв с пальцев чернила, будильник утром разбудит ее, она вскочит, пойдет бегать по комнате, в школу спешить. Наденет платье, бусы нацепит металлические; медные бусы рвут нитку пополам, сыплются по рукам ее, по платью. Он должен считать их. «Папа, а где Барабанов твой? — кричит Любочка. — Помнишь, как он меня, маленькую, в Александрии на ноге качал?» А бусы все сыплются с тонким звоном. Не пропусти ту единственную половинку, она твоя!

— Засыпать воспрещено, — опять говорит полицейский, трогает за плечо и проходит дальше.

— Пардон! — кричит Барабанов, встает и уходит.

Светает. Там, над крышами, над казенным садом, который бог весть когда отопрут, светлеют облака и нечаянный дождик спешно падает на дома, на мостовую, на Барабанова. Дождик перестает, и за облаками всходит солнце, не у нас, а где-то высоко-высоко, подле других планет, или далеко-далеко, ну, например, в Орле или Казани. Барабанов идет по городу, кажется, он выспался, кажется, ничего худого о его настроении сказать нельзя.

Он попадает в квартиру господ Гутенштамов к одиннадцати часам утра. Так ему назначили. Он выпил кофе и съел четыре рогульки, два яйца, бутерброд с колбасой, у крана на перекрестке (известно каком) вымыл руки и брызнул немного воды себе на лицо. Щенка пришлось оставить около городского мусорного ящика: отчего он сдох, было неясно — то ли он задохнулся в кармане, то ли прижал его Барабанов ночью, когда уснул на скамейке. То ли слишком рано отняли его у матери.

Он звонит у двери. Бегут открывать. И тряпичник опять звонко кричит со двора.

Он остается стоять на площадке. Звонит телефон, но никто не подходит к телефону. Он звонит на всю квартиру, ну пусть в ней пять комнат или даже семь, неужели же так-таки никто не слышит этого звона? Нет, бегут, бегут издалека и кричат: «Это верно из бюро!» И его впускают.

И опять тишина. Что-то странное делается за закрытыми дверьми, какое-то движение. Кто-то как будто хочет войти к нему в переднюю и не входит. Медленно открывается дверь, и оттуда, держась за нее, выходит Марья Даниловна, какая-то опухшая, непричесанная. Она всегда носила корсет и высокую прическу из своих и чужих волос.

Она останавливается, стоит неподвижно, взгляд ее тухнет, красное воспаленное лицо начинает дрожать.

— Барабанов, он ведь назначил вам, — говорит она и качается из стороны в сторону, такая большая и тяжелая женщина, — Барабанов, вот как нам увидеться пришлось... Он умер, ночью, во сне, от сердца. Он лег и не проснулся... — она плачет, заметно ноги ее подгибаются.

Барабанов молча стоит.

— Никто даже представить себе не мог, что у него больное сердце. Помните, как он бегал, и в теннис играл, и все такое? Он вчера по вашим делам ездил. Другие до ста лет живут. Он вернулся вечером такой довольный...

Барабанов говорит:

— Я уйду, не буду вас задерживать, не до меня вам.

Она ничего не отвечает и плачет. И он идет к двери. На самую короткую минуту он останавливается перед ней. Обернуться, спросить про мамашу, про Любочку? Или лучше молча выйти. Или вдруг Любочка выбежит сейчас из дальних комнат? Но никто не выбегает, и он решает уйти и мотает головой, как будто отвешивает поклон, в решительные минуты он не всегда знает, как ему поступить.

И ему вдруг вспомнились закорючки, ночь на бульваре, сны и то, что спать, собственно, было воспрещено.

Впрочем, обратный билет был у него в кармане.

И тут кончил я свой рассказ. И то боюсь, что длинно: ведь не биянкурец Барабанов, и, значит, нечего читателей занимать его личностью. Боюсь тоже, что скажут: тут до американской складки очень далеко, сто верст скакать! Тут до американской складки, как, например, до Орла или Казани!

Но ближе нам ничего такого встречать не приходилось.

1929

ЦЫГАНСКИЙ РОМАНС

— Выпьем, Гриша, за прелестную парижанку Ирочку!

— Выпьем, Петя, за прелестную парижанку Ольгу Федоровну!

В улице, что идет поперек нашей, близко-близко от черной реки, в девять часов вечера начинается ночь и продолжается ночь до четырех. Таковы обычаи и порядки. В девять часов вечера выходит из-за домов луна, не каждый день, этому никто не поверит, но когда она есть, она выходит, серая, мирная, обвислая, и светит в поперечную улицу, светит на красные и рыжие фонари и фонарики. Какая картина! Какая красота!

У венгра в заведении задернуты занавески. Там играют двое — на мандолине и на гитаре, и кто хочет присутствовать, тот должен платить деньги. Играют двое во славу хозяина, у хозяина две жены в Южной Америке, работают на него. Он толст, он богат.

Две жены, а третью он довез только до Парижа. Здесь прошлась она однажды по улицам, и больше ее не видели. У нее были рыжие волосы до полспины, грудь, которую никакое платье укрыть не могло, и печальный низкий голос. Она вышла подышать немножко парижским воздухом и не вернулась в заведение, и, говорят, страховое общество выдало венгру за жену деньги.

Он толст, он богат, столы у него деревянные и политы вином, мандолина с гитарой сидят в углу на лавочке, грязные, волосатые, носатые, басовитые. Дым стоит в воздухе, одинокая девушка в дыму сидит, молчит, ждет клиентов.

— Выпьем, Гриша, за прелестную парижанку Лялечку!

— Выпьем, Петя, за прелестную парижанку Веру Дмитриевну!

От большого пьянства потеют стекла, стены и двери становятся липкими. Голоса поднимаются все шумнее, люди придвигаются друг к другу, влажные волосы падают на глаза, руки хватаются за кружки, за стулья, за ножи. Двое бросаются друг на друга. Когда здесь убивают, то тушат свет, выгоняют клиентов и музыкантов, выносят убитого на мостовую, кладут возле тротуара и запирают двери — на сегодня довольно!

Убитый лежит скрючившись, без шляпы, но в пальто. Люди — мы с вами, скажем, — проходят мимо и говорят: насосался, неприличный черт, по канавам валяется, как гений. Начинает светать. Только дернется что-то в небе, неизвестно даже с какой стороны, и прохожий, если только он не очень задумчив, увидит густую черноту в лице лежащего и, памятуя обязанности гражданина и обывателя, анонимно пойдет в ближайшее кафе звонить в полицейский участок.

И вот, гудя на два квартала, с трудом завернув в поперечную улицу, высокий закрытый грузовик остановится возле трупа. Никого, ничего. Музыка здесь давно кончилась, восемь человек, веселых, сытых, гладких, семейных, в синих мундирах, спрыгнут на мостовую. Меньше их в эту улицу не приезжает, не принято.

А сверху, из высоких этажей, высовываются пленительные головки, рубашки падают с плеч, и из глубины вонючих комнат призывно гудят недовольные басы.

Человека увозят, и в газетах о том не печатают: люди окрестных мест обидеться могут, квартиранты жить не станут, коммерсанты торговли могут не открыть.

Но зато кто поселился, тот живет. Угаром дышит. Кто торгует, тот уж ни за что не закроется: до полуночи свет горит, цены висят на пирожки и рубашки. Вдруг да китайцу ночью галстук понадобится, вдруг да барышне пластырь купить захочется?

— Выпьем, Гриша, за прелестную парижанку Танечку!

— Выпьем, Петя, за прелестную парижанку Марью Петровну!

Наискосок от венгра желтолицые, косоглазые в кости играют, и белолицым в их обществе дышать трудно. Только трое выдерживают, три невысоких и не очень пышных особы, они не сменяются. Они сидят по стенкам уже много лет. При благоприятных обстоятельствах у них от этих китайцев уже могли быть дети, уже дети эти могли бы в школу ходить.

Из-за этих трех иногда бывает что поднимается визгливый крик у столов, и кинется один на другого и пятерней — за горло. Но двумя здесь не обходится, вступается третий, за третьим — четвертый. Кричат коротко, отрывисто и в нос, двери и окна — настежь, и занавесок нет. И тогда бегут прохожие из этой улицы туда, где посветлее, где лампочки сияют убранством, где... ну, словом, ищут прохожие чего-нибудь получше, чем поперечная улица.

Неподалеку, на втором этаже, живет юноша, который совершенно незаметным образом выкашлял одно легкое — ничтожную часть самого себя. Он належал себе пролежни, бедро открылось у него и сочится, но мамы нету, и он один. Окошко его открыто, доктор велел ему дышать, чем возможно, и он с постели смотрит в окно, а там — кабак. Там нет ни мандолины с гитарой, ни желтолицых, впрочем, сидят там серолицые и играет рояль. И женщина неописуемой роскоши и красоты поет там в биянкурские праздники цыганские песни. Юноша потеет, держась за последнее легкое, и глазеет на окна того кабака, так что хочется плакать.

Эх, Дуня, в какой черноморской прогимназии оставила ты свое золотое детство?

Он смотрит сверху на два ряда столов, покрытых белой бумагой фантези, на красные обои, на стойку, за которой суетится высокий дворянин с бородкой, на того, кто играет на рояле и чью голову не видать, а видны только руки, колотящие по клавишам, на портрет не то генерала, не то адмирала, пришпиленный к стене. Он смотрит на вырез черного платья, на кудрявую шаль, на большие бронзовые цыганские руки с абрикосовыми ногтями — предсмертная ясность зрения удивляет доктора. Доктор лечит его от пролежней, истерики и пота, от туберкулеза доктор не брался его лечить.

Эх, Дуня, неужто ты так и не взглянешь наверх, в мрак, в окно, в два дрожащих от бессонницы глаза?

Она отбивала такт каблуком и поводила изредка круглыми плечами. Пианист играл вальсы, под которые отцы наши сдавали Порт-Артур. Она брала со стола, из стакана, плохонькую розу и чесала этой розой себе кончик носа, напевая трум-трум-трум, от чего душа ее исходила грустью и жалостью к себе самой. Роза эта была казенная, тутошняя роза, и пришпилить ее к груди или заткнуть за ухо не было позволено.

Когда входил посетитель, чаще — один, редко — с дамой, она окидывала его взглядом от колен к плечам и потом проходилась раза два глазами по посетительскому лицу, словно надеясь всякий раз встретить в этом нестоящем лице какое-то чудо. И каждый раз она отводила от лица не слишком свежую розу, чтобы и самой показаться во всей красе. И каждый раз с досадливым равнодушием закидывала голову и напевала трум-трум-трум.

Тогда стремительно начинал бегать взад-вперед за стойкой благородный дворянин, перетирая что-то, не слишком чистое, оставлявшее пятна на тряпке. Дворянин сверлил глазами пришедших, и бородка его, наследие лучших, хотя и беспокойных времен, словно бегала по низу худощавого лица.

— Что прикажете?

— А что у вас есть?

— Селедка с луком.

— А чай?

— Имеется, как же-с.

— А водка?

— Так точно-с.

— А...

Проходила минута. На рояле брался богатый аккорд, длительный, но не слишком громкий.

— А блинов у вас нет?

— Помилуйте!

— А люля-кебаб?

— Хе-хе-хе-с, извиняюсь.

— Ну так дайте мне в таком разе графинчик с подобающими онёрами[4], а мадам желает котлетку.

Пианист ударял по клавишам и хотел разнести инструмент на части.

«На сопках Маньчжурии», «Алеша-ша!», «Две гитары», «Рамона», «Бублички», «Алеша-ша!», «Зачем было влюбляться», «Очи черные», «Кирпичики», «Рамона», «Алеша-ша!».

Гудела педаль, однажды нажатая, перенося последние нотки «Двух гитар» в «Бублички», неопределенные слова, без конца и начала, в отчетливые не здешнего темперамента куплетцы. В те несколько секунд, когда пианист, закинув голову, будто млел над слишком пронзительной нотой, можно было услышать:

— Есть, конечно, такая страна, где слоны мухам дорогу уступают, но пока что: если у тебя есть бумажник, держи его крепко.

— Что это, братцы, у меня сегодня как будто денег много?

— А это вам, Игнатий Савельевич, Бодров два с полтиной долгу отдал.

Дверь открылась в десятый раз, и в струе чистого ночного воздуха вошел высокий человек, выбритый, в пенсне. На нем было пальто — в России такие пальто назывались коверкотовыми — и шляпа фасона самого последнего, из пухловатого материала. Он вошел независимо, выбрал себе место подле зеркала и сел. Из деревянного портсигара вынул он папиросу, постучал, закурил. На деревянном портсигаре золотыми буквами было нацарапано «Брак — тюрьма сердец». Человек по привычке прочитал лишь последнее слово, и то наоборот. И над этим словом красиво задумался.

Дуня взглянула на вошедшего, и вдруг глаза ее стали другими, немного пьяными, и рот приоткрылся. Она бросила

---

[4] Со всем, что полагается.

розу и подошла. Закрыла собою зал, наклонила к гостю грудь и спросила:

— Белого? Красного? Отчего давно не были?

— Белого.

— Целый месяц не приходили. Что для вас сыграть?

— Что хотите.

— Попеть для вас? Думала, а вдруг и совсем не вернетесь.

Она постояла около него, пока не разгорелось у нее лицо. Дворянин спешно готовил узкогорлый литр белого вина. Пол двинулся под Дуней, закачался на стене губернатор.

Она пела, что полагалось, потом разносила вино, потом подсчитывала с дворянином количество казацких биточков, гамбургских и деревенских бифштексов, гусарскую печень сотэ — все съеденное за обедом. (Дух этих биточков и гусарской печени не выветривался здесь и Великим постом.) Потом в рассеянности подсела к столику, где сидели давно известные ей люди, почти что родственники, и прошлась с одним почти что родственником фокстрот под «Бублички», показав присутствующим со всех сторон свою роскошную фигуру, от которой становилось темно в глазах. Но взгляда она не спускала с посетителя в шляпе.

Он курил, сидя неподвижно, вид у него был не по месту интеллигентный и спокойный. Шум и красные обои нравились ему, должно быть, — оставьте меня в покое! — временами прикладывался он к толстому стакану — надоело мне все!

— Что ж вы мне ничего не скажете?

— А что же вам сказать?

Она села рядом, вдруг позабыв обо всем на свете.

— Вы уезжали?

— Нет.

— Почему же обещания не сдержали?

— Обещания для того и даются, чтобы их не сдерживать.

Он подумал-подумал и усмехнулся.

— Что это у вас за сережки? Кажется, таких не было?

Она наклонилась к нему, затаив дыхание. Зеленая стеклянная капля в золотом обруче упала ей на щеку. Она положила свою большую темную руку на стол и посмотрела, не бьется ли жила у запястья. Но рука была совершенно спокойна.

— Как вы сказали: обещания?..

Он улыбнулся, но не ответил.

— У вас есть кто-нибудь сейчас?

— Когда есть деньги, всегда кого-нибудь бог пошлет.

— Зачем же вы пришли сегодня?

Он огляделся с удовольствием.

— Люблю понаблюдать, всегда любил. Биянкур — не Париж, Биянкур во всем мире единственный. Интересно изучать. Вот и вас, например. Почему ж не наведаться.

Она смотрела ему между бровей с неприятным выражением лица.

— Сколько с меня? — спросил он.

Она шарахнулась со стула, написала счет огрызком карандаша на бумажной скатерти. Он заплатил, встал и пошел.

Она отнесла деньги дворянину, ступая не в такт музыке, потом запахнула шаль на груди и вышла тоже.

Гость уходил, шагая прямо по мостовой, он шел быстро, помахивая тростью. Он шел в сторону города, впрочем, все стороны у нас хороши.

Далеко-далеко, за закрытыми ставнями углового дома, польские маневры пели свой собственный гимн стройным хором. Звезды висели в небе, луна шла мимо, оловянная, никому не нужная луна. В кирпичах недостроенного дома ругались мужчина с женщиной. Тротуары были пусты. Дуня, притихнув, проследила, как человек завернул за угол. В противоположной стороне, невидный, звонкий, прошел трамвай.

Из окна второго этажа на нее смотрел умирающий мечтатель. Вытягиваясь, он видел тот именно кусок тротуара, на котором в полосе света остановилась Дуня. На улице она всегда казалась ему меньше ростом, чем внутри, между столами. Там она представлялась здоровенной, пол должен был трещать у нее под ногами. Здесь, когда она куталась, когда смотрела ушедшему вслед, была она молодой, легкой и беззащитной.

Он знал все, что мог видеть в раме раскрытого до отказа окна, от низкой звезды, которая, конечно, имела название, от трубы под ней, из которой перед обедом шел бурый дым, до заплеванного, а иногда и хуже, противоположного тротуара этой темной поперечной улицы, где спать можно только днем; но спать и не бредить он больше не может, а когда он бредит, его будит хозяйка, которой внизу, в постоянных сумерках, становится от этого бреда не по себе.

Дуня тоже пошла прямо по мостовой. Вечер был теплый, весенний вечер. Совсем близко, где-то, может быть в саду коммунальной школы, расцветали цветы. Деревья были видны через забор, улица там вымощена булыжником и что-то нашему брату напоминает. Это бывает, когда пахнет медленной весной и цветут акации белыми цветами. И если тихо и грустно, и если никого, то напоминает довольно сильно. Какой-то уездный город. Каждому свой.

Дуня почти побежала. Вот так, наверное, бежала по этим местам третья жена венгра — хотела пройтись немного подышать, посмотреть, где река, где кинематограф, а где пуговицы продаются. Вышла горделиво, а потом тоже почти побежала, завернула за угол и — конец. Потом говорили, что выловили в реке рыжую женщину, да не в Биянкуре это было. Потом говорили, что в шикарном доме, известно каком, видели похожую на нее, но она клялась, что не понимает по-венгерски.

Завернув за угол, Дуня не остановилась, наоборот, она заспешила, как могла, вниз к набережной.

— Послушайте, — крикнула она, — мне вам сказать надо.

Человек с тростью остановился. Он дотронулся двумя пальцами до своей пухловатой шляпы. Это был вежливый человек, видимо, культурный.

Дуня перебежала улицу и остановилась перед ним. Здесь шла дорожка под деревьями, над самой водой. Вода шевелилась и поблескивала. Дуня, по всему было видать, ни о чем как следует не успела подумать, видела перед собой человека и вся трепетала, не больше.

Он собрался ее спросить о чем-то или только сделал вид. Она вдруг сделала движение, и он угадал, что она собирается плюнуть ему в лицо. Он схватил ее за руки, чтобы наверное знать, нет ли у нее в руках какого-нибудь опасного предмета. Предмета не было.

— Ах ты... — сказал он злобно и ударил ее по лицу.

Она сбросила с его головы шляпу, сшибла пенсне и вцепилась ему в волосы, довольно густые и приятные на ощупь.

— Поди ты к черту! — тихо крикнул он и бросил ее в сторону. Она не упала, ударившись о дерево.

Он ступил к ней, раздавив с хрустом пенсне на дорожке, и поволок ее к обрыву, к воде. Ему бы уйти. Она толкнула его, но он удержал ее. Она еще раз толкнула его в грудь. Он выпустил ее с ругательством, таким, что даже удивительно было: приличный человек и такому научен.

Юноша на втором этаже все тянулся и тянулся к окну, так что хрустели кости.

Он привык к границам своих наблюдений, он мог роптать на Бога сколько влезет. Снизу доносился шум голосов, посуды, музыки. Там хлопала дверь, там пелись песни, плясали, били по клавишам. Звенели стекла, собаки просыпались во дворах, визжали коты на крышах.

Ему было больно касаться собственного тела, и он все

раскидывал руки и потел. Собравшись с силами, он иногда брал с изголовья полотенце и вытирал лоб, затылок, грудь, вытирал мокрые ладони. После этого ему приходилось несколько минут отдыхать с закрытыми глазами. Потом он опять смотрел вниз на пианиста без головы, на два ряда столов в беспорядке и на портрет (Боже, царя храни!) генерал-губернатора.

Внезапно откуда-то раздался выстрел. Стрельба под праздник все равно что ничего. Нет такого человека у нас, который бы от стрельбы забеспокоился. Выстрел был не громкий, в стороне моста, возможно, что пьяный стрелял в фонарь — это любят.

Дуня шла по поперечной улице и на этот раз по тротуару. Здоровенная она у нас, Дуня, и когда идет — слышно. Кудрявую шаль она несла в руках, шаль была изорвана в клочья. Но Дуня имела вид приличный, то есть не приличный, а обыкновенный. Успела она обратить на свою внешность внимание.

Она остановилась, не дойдя до дверей, чтобы, вероятно, окончательно прийти в себя. Из отеля напротив на нее смотрели, но она этого не видела. Отель этот вроде нашего «Каприза», и называется он, кажется, «Сюрпризом». И дом стоял, как дом: обыкновенный, в котором спят.

Взявшись под руки, как в атаку, прошли по улице с веселым галдежом итальянцы. Стараясь петь на три голоса, выводили страстные слова: тут было и соле, и маре, и аморе, чего тут только не было. А еще некоторые изображали губами всякие инструменты, играли в оркестр, наплевав на всех и на все. Дуня дождалась, когда они пройдут.

И тот, на втором этаже, дождался тоже и сказал:

— За чарующий взгляд искрометных очей не боюсь я ни мук, ни тяжелых цепей.

Она вздрогнула, подняла голову. И тут ей захотелось плакать.

— Сеничка, это вы? Что вы меня пугаете? — никого не было видно.

— Нет, это не Сеничка, — сказал тихий голос в окне с тоскливым испугом. — Какой такой Сеничка? Вы разве ждете Сеничку? Нет, я не Сеничка. А вы хотели Сеничку?

И вот на улице стало тихо. Мужчина с женщиной додрались под стенами недостроенного дома и теперь, обнявшись, спали на земле, на досках, сваленных здесь накануне и потому сухих. Ветер поднимался из-за реки, неся с собой запахи большого ночного счастливого города. Не дай бог парижский ветер в Биянкуре — нечем дышать тогда нам всем.

Дует он хитро, тонко дует, то удушьем, то заманчивой, но вредной свежестью, которая расслабляет, от которой идут все сны, мечты и дурманы. Запретить бы вовсе ему оттуда на нас дуть. Но как обойтись без Парижа? Немыслимо. Ведь душа к этому ветру навстречу рвется.

— Выпьем, Гриша, за прелестную парижанку Женечку!

— Выпьем, Петя, за прелестную парижанку Клавдию Даниловну!

Кому-то понесли третий графинчик. Дуня вернулась к столам, к дворянину, к розе. Тут ее ждали, тут за то время, что она по улицам бегала, в том углу хор составился, хор из почти что родственников. Только ее и не хватало.

— Выпьем, Гриша, за прелестную...

— ...за прелестную парижанку...

1930

ЧУЖАЯ ДЕВОЧКА

Анастасия Георгиевна Сеянцева жила в Биянкуре с незапамятных времен, во всяком случае, лет девять, не меньше. Она появилась еще тогда, когда достраивался отель «Каприз», она въехала в него первая, и за это хозяин «Каприза» подарил ей премию: вазон из небьющегося мрамора, который она, взяв за одно ухо, поставила на камин. Она помнила, как на Национальной площади появились первые чужестранные гости: сидели они в куче на земле, дети плакали и были раздеты, женщины, неумытые, оборванные, простоволосые, без чулок, блестели испуганными глазами, а мужчины, обросшие бородами, сумрачные, в шинелях английского образца, сидели рядом, не спуская глаз с убогих узлов, протасканных по всей Европе, из которых вытряхивались чайники, иконы и сапоги.

Местное население сперва называло этих пришлецов цыганами, потом, после долгих споров о народах востока, — поляками, но затем выяснилось, что голодные эти не французской веры. Тогда сразу сообразили, что они — сербы: сербам на роду написано испивать чашу до дна, сербов давно все обижают.

Но пришли парижские журналисты с книжечками, карандашиками, фотографическими аппаратами и объявили, что (они-то знают!) это — армяне, бежавшие из-под Трапезунда через Месопотамию и вот привезенные в Биянкур мосью Рено в помощь.

Окрестные бистрошники стали выносить этим людям большие чашки бульона «куб» и ломти хлеба. Дети обеими руками держались за матерей, а матери обеими руками — за чашки.

— Вы — армяне? — спрашивали их. Но они мотали головами и благодарили.

И однажды проходила мимо Анастасия Георгиевна Сеянцева, приехавшая за месяц до того и почти не выходившая из «Каприза». Она спросила: почему эти антисанитарные люди сидят на земле, когда есть скамейки? И ей ответили, что они стесняются.

Она подошла к одной из женщин, качавшей младенца, перекидывавшей его с одной руки на другую. Она только что покормила его, и грудь ее была открыта. Младенец родился какую-нибудь неделю тому назад и не был еще, вероятно, записан в биянкурский мэрии. Анастасия Георгиевна услышала, как женщина напевает:

Тритатишки тритату,
То на эту, то на ту.

Анастасия Георгиевна посмотрела на грудь, протасканную по всей Европе, и почувствовала, как в глаза ее откуда-то налилось что-то теплое, а кое-что даже перелилось через веки и по щеке бежит, и люди могут заметить. Она пошла к бистрошникам, вынула из саквояжа небольшие бывшие там деньги и попросила положить в каждую чашку бульона «куб» по кусочку мяса.

Все удивились: как, это русские? Те самые? Кто бы мог ожидать!

Анастасия Георгиевна при царском режиме была веселой кокетливой штучкой. Была она замужем, но мужа держала в черном теле, а больше любила путешествовать по заграницам, с подружкой или одна, любила знакомиться в поездах и на курортах, любила наряжаться, порхать, кружиться, предпочитала цветочки ягодкам, но и с ягодками мирилась. В Петербурге, где проходила зимой ее жизнь, она училась пению, брала аккорды и целые два года перед войной, не обращая внимания на незаметного мужа, охотилась — с засадами, угрожающими письмами, ночными ожиданиями — на писателя Андреева, так что этот писатель Андреев едва и в самом деле не попался ей в руки, да бог спас.

Одевалась она помимо всякой моды, между бровями носила локон, все распахивалась и запахивалась, и куталась, и спускала с плеча... Одним словом, вела себя пленительной загадкой. Да и что ж, раз были деньги!

По случаю высокого роста и чрезмерной худобы, а также любви ко всяческим редким позам, в обществе и свете принимали ее иногда (когда, например, случалось ей сидеть у окна или двери в кресле) за свалившуюся с крюка драпировку: длинная, вся в материи. И вдруг как расхохочется драпировка, как задрыгает, как встанет да пойдет брать аккорды. И тут каждый увидит розоватые скулы, локон между бровей. И многим, конечно, такое понравится.

Что уж с ней произошло в течение трех лет между тем временем, как стряслась у нас революция, и тем, как ей появиться в Биянкуре, неизвестно. Говорили — да разве могут люди не говорить? — будто мужа ее расстреляли, деньги, дом, музыкальные инструменты, брошки-шпильки отняли и погнали ее одну-одинешеньку, как дубовый листок, по всей Руси, и мчалась она таким образом до самого Черного моря, где подголадывая, где подмерзая, где паршивея, а где и вшивея. И переплыв Черное море, высадилась она на Балканах уже совсем иной персоной.

Было ей в то время, году в двадцатом, лет сорок, но на вид можно было дать куда больше. На Балканах она не засиделась, приехала в Париж. В Париже ей показалось все весьма дорого, она решила поселиться под Парижем, говорили, что у нее сохранились кое-какие деньги. Да разве могут люди не говорить?

Нельзя сказать, чтобы она женским чутьем предугадала славное будущее Биянкура. Она оказалась здесь случайно: увидела гостиницу, взяла комнату, получила вазон и притихла.

Когда выходила она на Национальную площадь, это была худая женщина, по-прежнему высокая, в длинном черном полумужском пальто, в неопределенного фасона матерчатой шляпке, из-под которой сбоку и сзади были видны полурусые-полуседые волосы. Руки в нитяных перчатках держала она у груди, кистями вниз, а под мышкой прятала порыжевший, когда-то весьма пригодный саквояж. Ноги ее были довольно велики, в низких лаковых туфлях с широким бантом, таких, какие носят франты при фраках и прочей дряни. Она ходила держась прямо, лицо ее было серовато-желтого оттенка, в сухих морщинках, только скулы все еще розовели, а рот был всегда крепко сжат, взгляд остер и пронзителен.

В комнате у нее было пустовато. Стояли в игривой рамке портрет усача в визитке и не откупоренные чернила. На камине находилось серебряное ручное зеркало, две баночки помады, большая круглая коробка с тальком. Часто брала Анастасия Георгиевна это именно зеркало и смотрелась в него. И не то смущало ее, что она подурнела сверх всякой меры, не то, что постарела от пережитых последних лет, а то, что близко-близко подле нее находилась одинокая смерть. Это она знала.

Еще в Болгарии узнала она, что больна и вылечиться никак не сможет. По ночам ныл у нее правый бок, и доктор в Болгарии открыл ей связь между боком и поясницей. Она знала, что, может быть, помочь ей может одна операция. Об этом она совсем не хотела думать. Она понимала, что настанет день — и она не сможет согреть себе воду, и настанет ночь — и некому будет закрыть ей глаза. И настанет другое, уже вечное одиночество, и никто не придет порыдать над лопухом ее могилы.

Сидя тихонько в своей комнате перед неумышленным вазоном, она вычисляла, сколько могло бы быть лет ее сыну и сколько дочери, если бы во времена царского режима и будуара она не отказалась иметь детей. И сколько лет было бы ее

64

родителям, если бы они еще жили, и сестре... Но тут она прерывала свои вычисления: сестра ее существовала, сестру она видела, и друг другу они не обрадовались.

Уже месяц спустя по прибытии в Биянкур Анастасия Георгиевна нашла себе занятие: она вшивала плюшевым зверям стеклянные глаза. Кроме того, зверям вшивались усы и когти и проверялись хвосты, это была работа чистая и неунизительная. Только в комнате укрепился не очень приятный запах: смесь помады и плюша. Одним словом, смесь человека со зверем.

Проходили годы, и тех, кого кормили грудью на Национальной площади, послали в школу, в мужчинах, обривших бороды, появилось нечто рыцарское (по воскресеньям!). Биянкур изменялся, Биянкур гнулся туда и сюда, как былинка, в коммерческих руках мосью Рено. Отель «Каприз» населился, вокруг Анастасии Георгиевны заговорили, заходили, загалдели, заиграли на балалайках, мадам Клава застучала швейной машинкой, и Козлобабин, Семен Николаевич, широко раскинул на углу свою бакалейную торговлю.

Однажды, с вечерней почтой, пришло Анастасии Георгиевне письмо от генерала Твердотрубова, до сих пор ей ничем не известного:

«Многоуважаемая Мадам!

Позвольте нарушить ваш покой и рассказать вам горестную повесть: ваша сестра, Екатерина Георгиевна Брянцович, скончалась с недельку тому назад от сердечной болезни. Ее последней волей, уловленной чутким ухом любящего сердца, было:

а. Имущество квартиры передать мне, как наиближайшему другу и советнику.

б. Дочь Екатерину, тринадцати лет, перепроводить вам как единственной близкой по крови особе.

Надеюсь, голуба, споров сие между нами не возбудит, так как имущество-то с самого начала было моё-с!!!

Благоволите сообщить, когда вы приедете за покойницей (перечеркнуто) племянницей, дабы осуществить последнюю волю дорогой племянницы (перечеркнуто) покойницы.

Готовый к услугам

Полный генерал от инфантерии

Алексей Твердотрубов».

Анастасия Георгиевна побледнела, посерела и едва добралась до стула. Сначала ее проколола какая-то радость, но потом ужасное беспокойство так и облепило ее: не для того, в самом деле, привыкала она все эти годы к лютому одиночеству, не для того примирялась с мыслью о незакрытых глазах, чтобы теперь вдруг нарушилось все и прахом пошли и воспоминания о жизни штучки, и привычки умирающего человека. Сестру она не любила, с сестрой виделась за границей всего один раз, и друг другу они не обрадовались.

Она весь вечер ходила, как шалая, не зная, как быть. Она все видела перед собой незнакомую девочку и полного генерала, вероятно любовника покойной сестры. Генерал, если судить по письму, не мог быть чрезмерно трезвым человеком. Ночь она не спала, а утром встала и надумала: ничего не решать, ни о чем не тревожиться, а поехать и посмотреть. И она написала генералу, что приедет в Париж в ближайшее воскресенье, в три часа. И больше ничего.

Но в субботу случилось так, что поездка ее расстроилась: утром, часов в девять, когда она собиралась идти за работой в мастерскую, в дверь постучали. Анастасия Георгиевна была уже в пальто, но еще не успела надеть шляпу. Волосы ее сами делились на пробор, и уже сильно сквозило темя.

Вошла девочка, довольно высокая, веснушчатая, безбровая, большеротая, немножко худенькая, немножко рыженькая, с пакетом под мышкой.

— Это я, — сказала она, — чтобы вам не приезжать. Здравствуйте, тетя.

Тетя — это была Анастасия Георгиевна. Первый раз в жизни она была тетя. На Национальной площади ее однажды торговка бананами назвала теткой: «Куда, тетка, прете? Видите, всем хватит, и еще мосью Рено останется».

— Здравствуйте, — сказала Анастасия Георгиевна, — все-таки странно, что вы меня не подождали.

Девочка помялась, но сейчас же заставила себя ответить и даже взглянуть в глаза.

— Мне не хотелось, чтобы вы видели, как мы живем.

— Как же вы живете?

— Ненормально, так люди не живут. Твердотрубов вечно пьян и приводит к себе разных. Грязь разводит. Целый день я убираю, но ничего не помогает.

— Генерал от инфантерии, и так опустился!

— Он совсем не генерал. Он проигрался на скачках.

То, что Твердотрубов оказался не генералом, вдруг прояснило ум Анастасии Георгиевны.

— Садитесь, — сказала она, — тут, может быть, странно пахнет? Я сейчас открою окно. Я, знаете, не привыкла, я вроде старой девы.

— Я тоже вроде старой девы, — сказала девочка и села.

На ней было рыжее пальто с черным меховым воротником и черная шляпа. Длинные ноги в черных рубчатых чулках она скрестила под стулом.

У нее был вид на что-то решившегося человека. Она таращила темные небольшие глаза, была очень бледна и сжимала красные, блестящие от стирки и щелока руки. Пакет, завернутый в газетную бумагу, она положила на пол, рядом с собой.

Анастасия Георгиевна все еще неподвижно стояла посреди комнаты.

— А мама? — неопределенно спросила она.

— Маму я обрядила. Она умерла внезапно, никто не думал, вымыла пол и умерла.

— Она хотела, чтобы вы переехали ко мне?

— Нет, это Твердотрубов придумал. Он сказал, что лучше мне не оставаться с ним, тем более раз есть возможность сбыть меня с рук. Он не злой человек, только ненормально пьяный.

Анастасия Георгиевна слушала. Все это было удивительно.

— И грязный. Придет — все раскидает. Особенно когда в злобе. А злоба потому, что никого не слушает. Я ему в прошлое воскресенье сказала, что только дурак ставит на Тип-Топ-Терри, поставь на Анатоль Франса, последние деньги просадишь ненормально. Он по-своему сделал: поставил на Тип-Топ-Терри, и она пришла третьей, а за Анатоль Франса вы — в ординаре, семьдесят два на пять.

Что-то щипнуло Анастасию Георгиевну за сердце.

— Подойдите и поцелуйте меня, — и она поглядела в сторону.

Девочка подошла и поцеловала ее быстро, едва коснувшись губами ее щеки.

Она взяла ее за плечи.

— Без мамы скучать не будете?

— Нет, не буду.

— А без Твердотрубова?

— По нему и скучать не стоит.

— Со мной как-нибудь уживетесь, ведь правда? Все дело в привычке.

— В привычке, конечно.

Анастасия Георгиевна наклонилась к девочке, и она почувствовала ее дыхание, но не дрогнула.

— Вы будете работать со мною вместе и спать в этой комнате. Если вам что-нибудь понадобится, вы мне скажете.

— Благодарю вас, мне ничего не надо, у меня все есть, — и она показала глазами на сверток под стулом.

Анастасия Георгиевна не умела разговаривать с людьми, и девочка больше не рассказывала ей щемительных историй из своей жизни. Она все имела вид на многое решившегося человека. Так и ночью, во сне, не менялось выражение ее маленького лица. По утрам она молча прибирала комнату (спала она на трех стульях), выбегала за молоком и булкой.

Пока она бегала, Анастасия Георгиевна вставала — она никогда не вставала при девочке и вечером ложилась в полной тьме. Потом обе садились друг против друга и вшивали глаза обезьянам и кроликам, и после завтрака опять, и до самого вечера. Перед обедом девочка относила работу (мастерская была недалеко) и потом, пока Анастасия Георгиевна перешивала и перекраивала какие-то старые юбки, бегала по улицам, выбегала на площадь, словно не хватало ей чего-то необходимого.

Анастасия Георгиевна помногу молчала и думала. У девочки были проворные, длинные пальцы, она умела держать иголку и дула в наперсток, прежде чем его надеть. Она ходила по комнате, иногда тихонько кашляла в кулак. Куда ни взглянешь — всюду была она, и в мыслях Анастасии Георгиевны тоже. Она видела, как с каждым днем ей становилось труднее двигаться, кружилась голова, поднимался жар, клонило ко сну. Присутствие девочки понемногу меняло ее мысли. Уходили куда-то воспоминания о веселом одиночестве, о легкой штучкиной жизни, подступали ближе давние немудреные размышления о лопухе.

Девочка умела ставить на спиртовку кашу, пробовать вилкой картошку и солить что надо. Прикупили две тарелки и чашку. Анастасия Георгиевна после трех лет голода и парши и нескольких лет Биянкура относилась к житейским удобствам холодно, она не полюбила их даже за свою долгую болезнь и к вещам не привязалась, как к людям.

Дни были все похожи один на другой. Сегодня охнет Анастасия Георгиевна, садясь за работу, а завтра девочка, словно бы вспомнив о чем-то, задумается среди обеда, с ложкой в руке, или остановится, покусывая нитку, у окна, смотря на улицу, где шумно, бедно и сумеречно. Проходили дни, и шли недели, и по воскресеньям бывало то же, только работали не для мастерской, а уже для себя: стирали, штопали понемножку, и тогда слышно было, как бежит вода, как стукают ножницы или шипит утюг.

Анастасия Георгиевна больше уже не выходила на улицу,

68

на площадь, где дул ветер и шел дождь. Она почти перестала есть. Боли в боку теперь не прекращались, и работу ей пришлось бросить. Девочка теперь одна садилась за стол, а Анастасия Георгиевна лежала на постели и молча, все молча думала.

Она думала, между прочим, и о том, что в ней нет никакого раздражения нервов, о котором предупреждал ее балканский доктор. Ей, несмотря на боль, бывало иногда даже как-то хорошо. И не от прошлых воспоминаний, а странно — от настоящего.

Чужая девочка иногда подходила к ней, брала ее руку, сдвигала и раздвигала шторы, грела воду; голубеньким огнем блестела спиртовка, и бутылка из-под уксуса (когда и кем сюда занесенная?) переходила из девочкиных рук под красное одеяло.

Иногда появлялся доктор, впрыскивал успокоительное, а когда он уходил, Анастасия Георгиевна засыпала, и тогда, поздно ночью, засыпала и девочка, но уже не на стульях, а на полу, потому что стулья «ненормально трещали».

Когда нужны были деньги, Анастасия Георгиевна доставала из-под подушки порыжелый саквояж и платила, и еще давала немного денег девочке, и девочка не знала, кончится ли когда-нибудь запас этих таинственных денег или нет, и если он кончится, то как тогда быть с худой, больной и такой длинной Анастасией Георгиевной.

И вот однажды ночью она проснулась после укола и почувствовала, что настало время ей с девочкой поговорить. Она увидела комнату вокруг, камин с вазоном в полумраке, стол с портретом в игривой рамке и на гвозде у двери свое полумужское пальто. Она в тишине ночи услышала, как мимо прогрохотали конские копыта и колеса тяжелых телег — это у нас в Биянкуре по ночам иногда золотари бега устраивают, кто кого перегонит. В комнате было жарко. Она так давно боялась именно такой ночи, но сейчас не было страшно. Никого нет... Нет, кто-то есть.

— Вы спите? — сказала она.

Девочка вскочила.

— Подойдите сюда. Мне что-то вам сказать надо.

Девочка подошла.

— Беспокойно мне.

— Что вы! Не надо.

— Боюсь страданий в последние дни и что после будет. И как вы останетесь, не вернетесь ли к Твердотрубову?

— Послушайте меня, — сказала девочка, — я буду говорить

тихо. За меня не беспокойтесь, я останусь в «Капризе», я поступлю к мадам Клаве в девчонки, тут есть такая мадам Клава, слышали?

— Нет.

— Ненормально! Она портниха. Давно меня зовет. Ну вот, я и устроена. Страданий тоже бояться не надо: вам впрыснут, вы не в деревне. А что потом будет — палец даю на отсечение, что пустяки.

— Как пустяки, что вы!

— Да так. Я видела, как мама умерла. Вымыла пол — и все.

Анастасия Георгиевна взяла девочку за руку обеими руками.

— Еще боюсь, испугаетесь вы меня, одну оставите. Вы маленькая.

— Ничего подобного. Я все умею. Твердотрубов с утра ушел тогда, ему что! Я все убрала, в полицию сбегала, в бюро и торговалась.

— И глаза мне закрыть сумеете?

— Велика трудность!

Анастасия Георгиевна выпустила руки девочки, отдохнула от разговора немного.

— Теперь просуньте руку между матрасом и надматрасником. Еще глубже. Чувствуете? Оставьте пока. Когда умру — вытащите и спрячьте. Это вам.

Девочка вытащила руку. Анастасии Георгиевне вдруг захотелось выпить сладкого жидкого чаю.

Девочка вскипятила воду, не зажигая света, заварила чай, налила ей и себе, и в темноте они тихонько выпили по чашке и уже ни о чем больше не говорили. А в густо-сером небе проступали какие-то мутные светлые пятна. Был шестой час.

Когда Анастасия Георгиевна умерла (глубокой ночью, в ненастную погоду), девочка тотчас достала из-под нее зашитые в замшевый мешок пятьдесят три золотых десятирублевика времен будуара и два из них положила на глаза Анастасии Георгиевны, чтобы в последний раз она ими попользовалась. Судя по ее старым юбкам, она была приучена к иной жизни, невообразимой жизни. И исполнив это, чужая девочка обратилась уже к другому: к челюсти, к рукам, к переодеванию, к хозяину отеля «Каприз», к биянкурской мэрии и русской церкви (одной из сорока сороков).

И когда мы узнали про всю эту историю в подробностях, то многие из нас вслух сказали, что Анастасии Георгиевне Сеянцевой, безусловно, в Биянкуре повезло.

1930

ВЕРСТЫ-ШПАЛЫ

Дороги мои были не простые, дороги мои были по большей части железные. По железным дорогам и тарахтела моя молодая жизнь, и я по ним трясся, а значение мое — не более канарейки. Дороги вели меня от малых городов к большим, от лесов к рекам и от пушек к биллиардным киям. Был у этих путей сообщений свой министр — Господь Бог, скажем, только я его никогда не видел. Был, наверное, какой-нибудь начальник тяги, и на него взглянул бы я одним глазом. От тяги этой долго у меня под коленками зудело и уносилась в просторы душа. От этой тяги оправился я совсем недавно, всего каких-нибудь четыре месяца.

О причинах путешествий наших говорить не будем. Помолчим. О них каждый день в наших газетах пишут. Причины всегда одни — четыре сбоку, ваших нет. Это англичанину или англичанке впору слегка попутешествовать, тысячу-другую верст по Европе, как кусок пирога, отхватить, а мы не таковские: мы после первой тысячи равновесие теряем и потом всю жизнь как побитые ходим.

А еще бывает: нападет после таких пикников что-то вроде болезненного состояния: станет тебе казаться, будто никогда не могут пикники кончиться, будто едешь ты и едешь, хоть и на месте сидишь, будто опять под тобой колеса ходят, в глазах столбы бегут, будто несет тебя, только повороты считай. Так было со мной, продолжалось довольно долго, но теперь кончилось. Станция.

Виновата была в этих затянувшихся ощущениях женщина, то есть девушка, конечно. Какая, спросят, большая или маленькая, какого приблизительно росту и цвета какого. Без этих вопросов у нас никак не обходится.

Вопрос этот законный и основной. До сих пор люди не могут решить, что лучше, большая женщина или маленькая. По этому пункту ни к какому согласию не могут прийти. Тут до драки можно дойти, тут сын на отца восстать может. От волнения некоторые вовсе на эту тему говорить не могут.

Конечно, по-моему, маленькая женщина во сто раз или даже во сто миллионов раз лучше большой. Что хотите со мной делайте. Большую женщину не знаешь, с какого боку обнять, до нее пока дотянешься, самому смешно станет. Большая женщина никогда ничего не попросит, а то стребует чего-нибудь невозможного. Маленькая женщина только скажет:

— Григорий Андреевич (или Гриша, или Гришенька), — и уж тебе ясно, что она защиты ищет или сюрприз готовит.

Гришенькой, впрочем, меня давно что-то никто не называл.

У маленькой женщины ножка, например, целиком у тебя в руке поместиться может; на маленькую женщину, в силу ее малости, можно сверху смотреть и видеть самое у нее приятное: прическу, ресницы и кончик носа. На большую женщину смотреть приходится снизу, и иногда за щеками просто ничего не видать; и по выражению щек этих, тоже, конечно, больших, о многом догадываться приходится. И предметы, с которыми возиться нужда бывает, у маленькой женщины несравненно аппетитнее: перчатки, или костюм какой-нибудь, или даже носовой платок... Да и право же, от маленькой женщины куда меньше сору.

Впрочем, в Биянкуре у нас нет ни маленьких, ни больших. То есть имеются и те, и другие, но уж очень их мало. Это особенно в глаза бросалось у заутрени, в прошлом году, когда набралось в церкви и вокруг мужчин ну прямо тысяча, и на эту храбрую тысячу, припомаженную, отмытую, вежливую и христосующуюся, пришлось женщин не более тридцати. В Биянкуре женщина не живет, в Париж бежит.

В Париже и маленьким, и большим женщинам лафа. В Париже кругом красивые должности. Живут там по большей части иностранцы, вечером улицы освещаются, все кабаре полны веселым, трезвым народом, а у нас бывает, что на Национальной площади и сесть некуда — все скамейки заняты. И тогда люди стоят на углах, делая вид, что и без того им весело. А в рукава ветер задувает.

Женщин нет у нас. То есть я хочу сказать, их слишком мало. А девушек можно по пальцам пересчитать. Как это ни неловко сказать: невест у нас нету.

Была тут недавно одна невеста, просияла, как звезда на небе. Росту была она низенького, зубки носила ровные и светила вокруг большими синими глазами, или даже глазищами. Это была моя невеста.

До нее невест у меня не было, хотя, может быть, это и смешно. В Будановке у нас не успел я обзавестись невестой. Когда в Ростове пилили мне ключицу, сделал я предложение одной медицинской сестре, но потом ее больше не встретил, разминулись мы с ней в этом городе. Хотел было я ее потом отыскать, чтобы извиниться за страстный бред, но не удалось.

С узловой станции Зет начались мои путешествия. Поезда в те времена ходили без расписаний. Эшелон наш перевели с запасного пути и поставили против самой водокачки, и с утра до ночи возились мы подле этой водокачки или сбегали с насыпи и до обморока доводили плимутрока, гулявшего с курами по станционному палисаднику. В один ненастный вечер свернули мы таки шею этому заманчивому плимутроку и сварили из него такое консоме, что хозяин его, начальник узловой станции, с дрожащими коленками и слезящимися глазами, сам пришел отведать консоме и еще благодарил, а когда мы предложили ему, ввиду его престарелого возраста, поглодать шейку, он со слезами на глазах отказался.

Но наутро от консоме не осталось ни полкусочка, и мы отправились по ближним улицам гулять. Куда ни взглянешь, небо с землей сходилось, пора была осенняя, печальная, в небо стремились поздние грачи — была такая птица. Дома по большей части имели вид нежилой: сами по себе закрытые окна, сами по себе обдрипанные акации перед ними. Большинство лавок было разбито и заколочено, да и какие же это были лавки! Таких лавок не то что в Париже, в Биянкуре не найдешь. Но где-то все-таки доставали мы хлеб ситный, табак, почтовую марку да серый, кисловатый чай по имени «цейлонский». Разыскал бы я теперь этого Цейлонского, фабриканта, да надавал бы ему по шее.

Мы шли по улице и вдруг увидели в окне женщину, то есть девушку, конечно. Она сидела и как ни в чем не бывало шила. Когда женщина в окне сидит и шьет, ну получается прямо картинка в раме.

— Не дадите ли, мадмазель, чего-нибудь выпить? Не пугайтесь, на спиртное не надеемся, — крикнули мы ей в окно, ударили в стекло пальцем и поклонились (я был с товарищем).

Она приоткрыла окно, сдвинула брови. На дворе был девятнадцатый год, осенняя пора, ветер.

— Лучше войдите в парадную, — сказала она, — а то комната застудится.

Окно закрылось, мы подошли к парадной. Зацокали каблучки по ступеням, с ржавым скрипом подалась старая дверь.

— Мадмазель, — сказал мой товарищ, — соблюдайте расстояние: может быть, мы уже тифозные.

— Ничего, — ответила она. — Мерси.

Она вынесла нам полную крынку розового, как небо, молока. На пальце у нее был наперсток, есть такие женщины, которых наперсток украшает не хуже кольца.

— А что говорят, уйдете вы скоро отсюда? — спросила она робко и покрутила ножкой в лакированной туфле.

— Про то не имеем право говорить.

— И не надо. Я и так знаю, что уйдете.

— Как вам угодно.

— А где ваши лошади?

— Мы пехотинцы.

— А вот я вам что-то на счастье дам.

Товарищ мой бойко протянул руку.

Она не задумываясь сняла наперсток с худенького, не совсем прямого пальца и положила товарищу в ладонь.

— Вот и все, — сказала она и, прижав пустую крынку к груди, пошла наверх по лестнице. Просить ее остаться было бесполезно.

Этого дома, когда я через месяц вернулся на узловую станцию Зет, найти я не мог. Выгорело здесь не менее пяти кварталов, и окрестные жители мечтали на этих местах картошку сажать. А пришел я, собственно, для того, чтобы вернуть наперсток: товарищу моему он оказался не нужен, похоронили товарища. Спи, Коля, с миром.

И вот затарахтели подо мною колеса, замелькала в небе телеграфная проволока поперек всем грачам, зашумели волны под кормою у крымских берегов, понесся я на всех парах. Море же было не простое, море было то самое, по которому ездили при царском режиме из варяг в греки.

В левом верхнем кармане боевой гимнастерки понесся со мной в чужедальнюю страну наперсток, словно драгоценность, словно жемчужина какая-нибудь. Всякий другой на моем месте давно выбросил бы его в волны Босфора или закопал в турецкой земле: он ведь не только был мне ни к чему — не налезал мне на мизинец, но и товарищу моему принес непоправимый вред. Неделями я о нем не помнил, раз или два из окошка его вытряхнул, очищая гимнастерку от балканской грязи, однажды потерял его при переезде в складках чемодана — подкладка чемодана много тогда поглотила мелких предметов. Но наперсток все возвращался ко мне, никак не давая мне забыть голос, глазищи и туфельки.

Да, по правде сказать, не пытался я забыть их. Что и было мне помнить, как не их. Кажется, нечего. Вспоминал я и дом, и окошко, и акацию, словно все это еще продолжало существовать, словно не перенеслось на тот свет целиком, с занавесками, дверными ручками, по милости великолепно попавшего снаряда. Будто не вознеслось это дорогое здание, со всеми своими наличниками, в райскую долину, а доживает мирный век в тихой улице с прелестной женщиной, то есть девушкой, в окне.

И чем дальше я уезжал, тем сильней стремился душой к этой однажды виденной картинке в раме. В Сароccком заливе ныло сердце, в Тырнове из трех ночей не спал одну, в Рэднике обсуждать стал, а не было бы этой картинке естественно тоже оказаться в далеком странствии? А когда переехал я в Прагу — не хочу хвастаться, был я в Праге, — стал я внимательно вглядываться в женский персонал русской столовой. Надежды меня одолевали.

В то время моему путешествию шел шестой год и конца ему не предвиделось. И вот в этой самой Праге я ее увидел.

— Здравствуйте, — сказал я, — имел честь быть с вами знаком в тяжелую для всех и каждого эпоху гражданской войны.

— Простите, — сказала она, — я вас не знаю.

— Простите, — говорю, — вы меня знаете: вот наперсток ваш.

И тут же на лестнице вынимаю слегка помятый, но все еще приличный наперсток.

— Извиняюсь, — говорит опять, — я наперстка не теряла.

Но я не отпустил ее, наоборот, пододвинулся слегка.

Я готов был взять ее за руку, но до этого не дошло. С тех пор как прижимала она к груди крынку молока, успела она волосы завить и платье новое купить.

Люди в русскую столовую ходили не окончательно бедные, не, так сказать, последнего полка люди.

— Знаете ли вы, что от дома вашего и соседних домов ни черта, с позволения сказать, не осталось?

— Какого дома? Что вы путаете? Какой-то вы странный.

Я близко подошел к ней. Она была мне по плечо. Глаза у нее были те же.

— Сейчас в кино известный американский боевик идет, — сказал я, — может, пойти нам с вами?

— Что ж, пойти можно. Мерси.

В Праге туман, как в поле. Очень я ее тогда потерять боялся. Я держал ее под руку, я наклонялся к ее лицу, чтобы глотнуть немножко ее воздуху. Я видел каждый волосок, каждую веснушку, когда мы проходили под фонарями, и, так как приятнее этого ничего не могло быть, я старался вырваться из тумана под самые фонари, и то влево, то вправо тянул ее и заглядывал ей в лицо.

Когда посмотрели мы американский боевик, была уже ночь.

— Завтра я уезжаю, — сказала она.

— Куда?

75

— В Париж.

Она повела меня темным переулком. Она слегка успела привыкнуть ко мне и изредка посмеивалась. Я слушал ее и видел длинную дорогу, мою дорогу в Париж, крутую, страшную, от которой захватывало дух.

— Здесь я живу, — сказала она вдруг.

Как могла она отыскать нужный дом в таком мраке?

— Что ж, вы возьмете наперсток? — спросил я осторожно. — Или его в Париж привезти?

— Какой вы странный, — повторила она опять, улыбнувшись, и вдруг сделалась грустной и так, грустная, и вошла в дом.

Я пошел от двери, номер запомнился мне — сорок пятый. Может быть, кому-нибудь, кто менее меня вынослив, ужасно на нервы подействовала бы эта ночь. Я — ничего. Я был счастлив.

Париж не Прага. От Праги до Парижа, может, месяц езды — такие города непохожие. Над Парижем небо разрывается, из облаков голубь летит, солнце над Парижем белое. А если идет легкий дождик, на улицах ну прямо танцы начинаются: мужчины (заметили вы?) на носках по лужам ходят, а женщины, перебежав через улицу, сейчас ножку поднимают: смотрят — не забрызган ли чулок? Ну да, забрызган! И бегут дальше.

Это — Париж. А Биянкур — рядом.

Я приехал зимой, утром, раным-рано, в то самое утро, когда на минуточку выпал снег. Не сразу удалось мне покинуть Прагу, прошел год, длинный и трудный год. Приехал я поутру, вещи оставил у товарища, почистился, больше для виду, и пошел. Отыскал улицу и номер. Стал бродить подле него, будто город осматриваю.

Весь этот длинный год я об этом доме думал, воображал его себе. Много в нем народу жило, кроме Танюши, много мужчин и женщин, больших и маленьких. И одна из них (маленькая, конечно) все казалась мне конечным пунктом моих странствий. Версты-шпалы.

Когда я все осмотрел, она вышла, одна, и я перегородил ей дорогу, расставив руки, чтобы она не могла пройти. Она хотела пройти под моей рукой, но остановилась, смотря на меня во все глаза и догадываясь, что это я.

— Вы стали совсем прекрасной дамой, — воскликнул я. И правда, ресницы ее напоминали паучьи лапки, а перчатки были лайковые.

— Я узнала вас, — сказала она и подала мне руку.

— Американский боевик вспомнили?

76

Но она не помнила.

— Дом ваш был номер сорок пятый.

— Разве это важно?

Что она в ту минуту думала, догадаться невозможно. Она пошла со мной рядом и рассказала мне, что у нее отец в Америке и что она собирается к нему. Оттуда она денег привезет, чтобы замуж выйти.

— За кого?

— Я скоро вернусь, к весне.

И я поехал в Америку... То есть, конечно, нет. Я остался здесь, но вышло так, будто я побывал там, следом за ней. А мосью Рено — это отдельное, это нас сейчас не касается, прошел я к нему через тот ход, что на набережную выходит, откуда прием идет и на работу нанимают и откуда, кстати, когда надо, в три шеи гонят. Словом, следом за ней понесся я, не отставал.

О, Америка, океан! Страна моя родная!

Ходил я вечерами по биянкурским улицам (не смейтесь: над Биянкуром ночью парижские звезды горят!) и думал о том, что в Америке, верно, белый день сейчас. Я видел зеленые ее степи, и куликов, и вишневые рощи, и все ее природные прелести: широкие реки, вроде наших, густые леса, безымянные дороги. Вот как я тогда к Америке относился.

И я думал о себе, о том, что жизнь моя бежит по большим дорогам, что приятели мои давно стоп! А я все еду. И о том, что копотью дышим мы тут с приятелями, и от мартенов нам тепло, и что, несмотря на то что поселился я в комнате от хозяев, верстовые столбы все бегут и бегут мне навстречу.

В рукава задувает нам сильно, каждый вам это скажет. Двумя-тремя рюмками родимого винца — меньшим от этого не оправишься. Не алкоголь, а медицина. Ночью пролихорадит тебя раз-другой, но не больше. Ночи у нас короткие. Если у кого жар, лучше всего крепко дверь припереть, чтобы гость не пришел, и — носом к стенке.

И вот раздается стук в дверь. Левой рукой дверь отпираю, правой свет зажигаю.

— Простите, — говорят за дверью, — вы, кажется, спали? Я была здесь в доме у знакомых, у Петровых (а может быть, Ведровых), узнала, что вы здесь живете, и решила проведать вас.

— Из Америки?

— Из Америки.

Прикрыл я дверь, натянул штаны, пиджак надел, воротник поднял и пальцем запонку у горла закрываю.

Она присела на стул и осмотрелась. Она была у меня, она пришла ко мне. Я был ей нужен.

— Ну как у вас на западном фронте, без перемен?

— Без всяких.

— Поустраивались хоть как-нибудь?

— Поустраивался.

Во рту у нее появился золотой зуб, и волосы были выкрашены в странную, необыкновенную краску.

— А я вас в Америку ждала. А вы не приехали.

Я даже растерялся.

— Не шутите со мной, Танюша, у меня внутри все очень хрупко.

Она положила ножку на трубу отопления.

— Я не шучу. Все думала: а вдруг он слово сдержит? А вы не сдержали.

— Мне, значит, по всему миру за вами гоняться? Расстояниями не стесняться?

— Что это вы стихами заговорили? — как-то неприветливо произнесла она. — С каких пор вы поэтом заделались?

Наступило молчание.

— Не могу я всюду за вами поспеть. Я и так путешествиям конца не вижу. Вся моя жизнь — одни версты-шпалы.

— Какие шпалы? Это которые поперек?

— Они самые.

Она посмотрела в окно. А я не сводил с нее глаз. Я пришел к предварительному заключению, что я не узнаю ее.

Но это была она. Мне показалось, что она ищет, что бы еще сказать, и не находит. А я не мог ей в этом помочь.

— Ну что ж, я пойду. Вижу, что никаких новостей вы мне сообщить не можете. А у меня куча новостей.

Я испугался.

— Денег не привезла и замуж не вышла. Новостей — как на телеграфе. С чего начать, не знаю. В другой раз расскажу.

Голова моя пошла кругом, я сам не знал, что говорю, и палец держал на запонке.

— Выходите за меня. Вы давно моя невеста. Поедем вместе в Харбин. Или в Ниццу.

— Почему в Харбин?

— Недавно один наш тутошний уехал в Харбин, говорит, там лучше.

Она растерянно смотрела на меня, завязывая шарф.

— Невеста ваша... Вы что же, наперсток за обручальное кольцо считаете? Да и дан-то он был не вам.

Мы оба встали одновременно, и, потому что она была

совсем маленькая женщина, она прошла у меня под рукой. Я остался стоять, оглушенный, словно поезд мой остановился на всем ходу и я упал с верхней полки на соседа, а на нас обоих свалился с верхней полки чемодан. Шаги ее затихли. Я посмотрел, не забыла ли она чего, тогда бы я побежал за ней.

В Биянкуре меня знают. За спиной у меня дорога дальняя, у здешних ни у кого такой длинной дороги нет. Но теперь вокруг меня тихо, как в небе.

1930

БИЯНКУРСКАЯ РУКОПИСЬ

Ваня Лёхин умер во вторник вечером, седьмого числа, на тридцать шестом году жизни, пестрой и трудной.

— Бросай, — сказал мне Щов, — холостяцкое занятие: Ваня Лёхин умер.

Я бросил холостяцкое занятие и пошел. Идти было недалеко: Ваня Лёхин жил в отеле «Каприз», а как он жил — об этом говорить не стоит.

Войдя, мне вдруг захотелось никуда не смотреть, откашляться и сказать: «Ну вставай, Ваня Лёхин, нечего валяться, не барышня!» Но я смолчал, уперся глазами в бледноватое Ванино лицо, обошел кровать и сел к столу. На столе лежало завещание. Щов только что вынул его из ящика. Оно касалось его и меня.

Еще было в нем упомянуто одно лицо, но имя это не для печати. Дочка хозяина отеля «Каприз» была полностью в нем прописана. За ней недалеко было ходить: она стояла у изголовья кровати, вытянув носик, подняв брови, и плакала. Еще утром побрила она Ваню собственноручно, еще лимонаду не допил он, который она для него жала перед обедом. Всей этой житейской мелочью не пускала она от себя Ванину душу. Ничего не вышло, ушла душа.

Через улицу, в пегих сумерках, шел поп, то есть батюшка, с портфелем под мышкой, туда-сюда волновалась ряса. Я встал и положил завещание обратно в стол.

— Что ж ты? — сказал Щов. — Ты бы почитал. Любопытные вещи, знаешь ли, в нем имеются.

Миллионов, я знал, Ваня Лёхин никоим образом оставить не мог. Не такой был человек. И жалко мне его стало.

— Успею, — сказал я Щову, — пойду вниз, попа встречу.

Тридцать пять лет жизни — это не пустяк сказать. Это как бы на часах стрелки четыре часа показывают, это в календаре со среды на четверг листик рвется, вот что такое тридцать пять лет. Дню ли, неделе, жизни самая середина; позади тебя и впереди, как вода, время шумит.

Через два дня повезли Ваню Лёхина по родимым биянкурским улицам. Выступала не слишком резвая гнедая кобыла в шорах, больших, как сковороды. Кучер, подбирая вожжи, причмокивал на нее и зевал по сторонам. Ваню Лёхина наполовину прикрыли белым ковриком или другим плотным материалом, а за колесничкой, смотря Ване Лёхину в самые колеса, зашагали мы со Щовым и другие приятели наши, пехотинцы и маневры, зашагал французский народ, довольно мало знакомый, но отзывчивый, зашагала, между прочими, дочка хозяина отеля «Каприз», миловидная такая девушка, сильно плача.

Повезли его одной знакомой улицей, мимо скучных домов и заборов мистера Сальмсона, где было и будет хожено всеми нами немало. Повезли Ваню Лёхина мимо того фонаря, где не так давно одноротник наш в пьяном виде на машине разбился, мимо тех ворот, на которых вот уже год одно русское слово углем нарисовано — все его знают. Повезли Ваню Лёхина на новое наше кладбище, где цветов сколько ни проси, никто не возложит, где погода зимой сырая, а летом пыльная и где — хотите вы или нет — придется и вам, и мне недалеко от Вани Лёхина зарыться.

Поднесли Ваню к яме, мимо ржавых, никуда не годных черных венков. Не там его, конечно, похоронили, где аллейки, памятники, цветы. Похоронили его в пятом отделении, где предстоит ему пролежать спокойно пять лет рядом с Густопсовым, Семенчуком и Дементьевым, откуда близко-близко труба видна, фабричная, наша, общеизвестная, где, между прочим, недалеко в проволочное украшение вклеен кусочек зеркала, а на нем сусальный портрет китайского юноши, тоже, конечно, неимущего, похороненного здесь У Ю Мена.

На пять минут скрасил жизнь поп, то есть батюшка, своей литией. В небе трещал аэроплан, не знаю, обратил ли кто с неба внимание на нас, топтавшихся вокруг могилы. Ване Лёхину возвели непышный холмик из земли, песку и камней, вкопали невысокий крест с надписью, кто лежит и когда помер. Многое, может быть, хотелось нам еще на этом кресте изобразить, да места не хватило. В других отделениях, где аллейки да цветы, целые истории на памятниках уместить возможно.

И загрохотала обратным путем высокая телега со сложенным белым ковриком — а сперва казалась кобылка не слишком резвой. Притворялась, значит, кобылка, когда Ваню Лёхина везла. И опять стало его жалко. Но Щов сказал:

— Сейчас поворачивай прямым рейсом к отелю «Каприз». Необходимо тебе завещание увидеть.

Наставил я воротник и пошел за Щовым. И далеко опередили мы провожающих (не более десятка) и барышню, такую, право, милую и еще совсем молоденькую. Говорят, обожали они друг друга, как муж-жена.

В завещании оказались и впрямь неожиданные вещи. Кто

бы мог подумать такое о Ване Лёхине? Миллионов, как я и думал, он после себя не оставил. Белье и одежду дарил он Щову, сапоги — в пользу бедных, самопишущий карандаш, галстук, кисет (еще тех времен) просил оставить для музея биянкурской жизни, если таковой оснуется. Мелочь всякую — щетку для волос, три открытки, кусочек чего-то непонятного, грамматику французского языка, семейную фотографию — велел Ваня передать дочери хозяина отеля «Каприз», а мне предназначил перевязанную старой подвязкой рукопись в папке — тут-то я и удивился со Щовым вместе: Ваня-то Лёхин, оказывается, собирался стать русским писателем, каким-нибудь в самом деле Маминым-Сибиряком! Ах ты, тфу!

Смеркалось. Напротив, в «Кабаре», заиграл граммофон. Под окном проскальзывали люди. Женщины шли за покупками — не матери семейств, не жены, не хозяйки, те ходят утром, выводят заодно ребят в школу, те все по часам делают. Это шли куклы с той улицы, что у самой реки, поперек нашей, куклы, только что вставшие, волосы у них ярко-желтые, голоса басистые, зады, обхлестнутые черным шелком, а ноги — как опрокинутые бутылки из-под сельтерской. Но и куклам обедать хочется: мясо, сыр, бутылка красного вина — за этим выходят они в сумерках, и идут, и ругаются и долго слушают «Стеньку Разина» в граммофоне «Кабаре», и долго смотрят на духи и помаду, выставленные в окне парикмахерской Бориса Гавриловича. И потом возвращаются снова в ту поперечную улицу, где ночами музыка, стрельба и пьяный крик на восьми языках.

Я раскрыл старую папку у себя в комнате под лампой. В папке находилось дыхание Вани Лёхина, дыхание его не раз простреленной груди. Рукопись была длинная, около ста страниц. Это, по всему видать, было только начало чего-то, скажем — романа. Первые двадцать страниц были перебелены самым неподдельным образом, последние были еще неопрятны — уверен, что последние страницы Ваня Лёхин обожаемой женщине не показал бы. Бумага романа была в клетку, а почерк — известный, ванелёхинский, такой все больше книзу и с петельками.

С первого взгляда сомнение закралось мне в душу: не от романа ли умер он, милый мой Ваня Лёхин? Мне стало вдруг ясно: горело в нем что-то, как на пожаре, и от этого долгого пожара не смог он более жить. Как это не догадались мы, что в нем воображение страдает? Может быть, и еще в каком-нибудь приятеле то же происходит, а мы и не знаем! Но никоторый из приятелей не признается. Ни я сам первый.

Я начал читать завещанное мне произведение пера.

«Ночь была черна. С деревьев сдувало последние листья. Я вышел со станции, когда еще можно было различить в небе дымок, вылетающий из трубы станционного здания, мерцание окошка и зеленый привокзальный огонь. Потом надвинулся мрак. Колеи дороги, размытые дождями, едва чернели, нога попадала в них. Бежали тучи.

Я шел довольно долго. Поле кончилось, и роща тоже кончилась. В этой роще когда-то, очень давно, сначала сражались две стороны, а потом убивали и грабили. Дорога пошла в гору. На открытом месте меня чуть не сшибло с ног ветром. Потянулось кладбище. Мне представилось, как завтра утром, по серенькой погоде, я вернусь сюда, узнаю прямую дорожку, кусты сирени, плиту на могиле отца.

Городская больница частью закрыла от меня даль. Начался город. Я знал этот город. Я знал эти улицы. В палисадниках качались деревья, роняли капли, скрипели. Но в городе было тише. Порою забор обрывался, и из глубины двора молча бросалась за мной собака и сейчас же отставала. Никто не встретился мне в этот поздний час. Я отсчитывал перекрестки, сворачивал по памяти. На каком-то углу мне попалась наполовину сорванная доска: улица Карла Либкнехта. Мне показалось, что я узнаю этот перекресток. Екатерининская.

Где-то в трехстах шагах от того места, где я сейчас рыскал, я знал, начинаются мощеные улицы, может быть, пивная еще открыта там, светится в доме, за цветной занавеской, лампа, или проезжает поздний трамвай. Но ничего не было слышно от ветра. И я шел, как ходят слепые по родному дому.

Наконец дом мой был найден, я увидел номер, тот самый, что столько лет выставлял я на конвертах. Две ступени вели к крыльцу. В окнах было темно. А над крышей, над старой трубой, шли тучи.

Окна были закрыты ставнями изнутри — таков обычай в моем городе. Звонка не было. Надо было стучать, но стук в ночи мог испугать их. Я прислушался: не дрогнет ли что-нибудь в доме, но во всем городе, должно быть, в этот час не спал я один.

Я приложил ухо к дверям и стукнул два раза. Где-то что-то хлопнуло, может быть, за три квартала. Кто-то, шаркая войлочными туфлями, подошел к дверям. Я взялся за косяк, в другой руке сжимая ручку чемодана. Я почувствовал, как толкается в груди сердце. Невидимая рука в темноте потрогала замок.

— Кто там? — спросил тихий мужской голос так внезапно близко от меня.

— Ваня Лёхин, — ответил я так же тихо.

Рука пошарила. Дверь открылась. Глаз блеснул на меня, черный, большой и блестящий.

— Войдите, — сказал человек. — Это же целое событие! Только тихо, не надо будить. Ночью пусть спят. Днем устают.

С чемоданом я протиснулся в дверь. Во мраке я теперь не видел ничего. Где-то спокойно и довольно громко тикали часы.

— Надо представиться, — сказал человек шепотом, и я почувствовал, как он протягивает мне руку. — Моисей Борисович Готовый, Сонин муж.

Я поймал его руку, она была невелика и горяча.

— Идите за мной, — шепнул он снова, — я покажу вам нашу кухню.

Он повел меня за руку. По моим воспоминаниям, здесь должна была быть лестница во второй этаж, однако ее не было. Беззвучно отворилась какая-то дверь, мы двигались тихо, словно плыли. Мы вошли куда-то, где было теплее и воздух был другой.

Чиркнула спичка, тень прошлась по плите и полкам. Я увидел маленького человека, склоненного над керосиновой лампой. Теплый керосиновый дух дошел до меня, запрыгало пламя и остановилось в стекле.

— Садитесь, — сказал Моисей Борисович, — сейчас получите уху, сегодня мы имели уху к обеду.

— А Соня? — спросил я тихо.

— Садитесь, я вам сказал. Соня сон смотрит. Почему не предупредили? Заболеть от неожиданности можно.

— А мама?

— Мама ваша завтра утром вернется. Ушла к родным.

— К каким родным? Зачем?

— Тише, тише, зачем же так кричать? У нас тут есть дети.

Он выловил из высокого горшка кусок судака, длинную тонкую морковь. Отрезал кусок хлеба, прижав каравай к груди. Теперь я вполне разглядел этого человека: ему было за сорок, он был в подштанниках, в рубашке. На темени его торчали легкие черные волоски, такие же волоски вылезали из больших ушей и даже ноздрей тяжелого носа. Он сел напротив меня, и только теперь взгляды наши встретились. Мы долго смотрели друг на друга.

— Ну, кушайте уху, — сказал он, взволновавшись, — это же целое событие!

Он опустил глаза.

Я ел судака и хлеб. И мне казалось, что хлеб живой, он дышит, он видит меня, идет мне навстречу, входит в меня, насыщает меня и делает счастливым.

— У вас так тихо, — сказал я, — всюду.

— Да, слава богу, теперь... — ответил он, и полузабытый испуг мелькнул в его влажных глазах.

Я кончил есть.

— Я знаю одну интересную вещь, — сказал он внезапно, — я положу вас в мамину комнату, другой постели у нас нет, у нас пока все еще две комнаты, наверху живут.

Я ничего не ответил.

— Только тихо, шуметь никак нельзя. Возьмите ваш багаж. (Я взял чемодан.) Мы пройдем через спальню. Но зато как вы будете спать! Ну совершенно как в Париже.

Он дунул в лампу. Мы остались в полной тьме, он опять взял меня за руку и повел. Мы поплыли. Открылась дверь, потом другая. Я потерял направление и шел, как во сне. От тьмы, неизвестности, черной ночи у меня кружилась голова, я держался за маленькую горячую руку, я чувствовал каждый сустав волосатых пальцев. Потом рука выскользнула из моей руки. Вспыхнул свет.

Лампочка зажглась в потолке. И я узнал комнату, где я родился. Над кроватью, над темной периной, висел портрет отца, тусклый и непохожий, висел собственный мой портрет призыва шестнадцатого года, а на столе, как теплый домашний зверь, лежало вязанье с воткнутыми в него спицами.

Моисей Борисович смотрел на меня, и любопытство было в его огромных глазах. Затем он кивнул мне, поддернул подштанники, обнаружив худые волосатые щиколотки, и скрылся за дверью. И сколько я ни прислушивался, я не услышал больше ничего.

Я снял сапоги и медленно обошел комнату, и все, от того ковра, что стлался мне под ноги, до круглого зеркала (которое в детстве казалось таким высоким), все стало вдруг опять моим. Душа моя встретилась в этих старых запыленных и, может быть, изъеденных червями вещах с душами людей, живших здесь. Усталый, я сел на постель и полчаса или час просидел с туманными мыслями, бегущими как бы сквозь меня. Ни одну не удержала моя память в этом оцепенении, кроме разве где-то за ними бегущей своим путем мысли о письме Мадлен. Обещал написать сейчас же. Об этом не могло быть и речи. Но какие-то фразы для завтрашнего дня возникали и готовились в мозгу:

„Только что прибыл. Поезд опоздал. Народу было миллион. По ужасной погоде в совершенно мертвом городе отыскал дом. Конечно, волновался, как дурак. Встретил меня сестрин муж, un ture assez rigolo[5].

Соня и дети спали, а мама вернется завтра. Напишу тебе еще, соображу, стоит ли тебе приезжать... Как у вас все? Здорова ли ты? Пиши обо всем. Получила ли мою открытку из Москвы? Кого видала из дорогих друзей? Что творится в „Капризе"? Кланяйся всем, особенно Щову, и поблагодари его за сыр, который он подсунул мне незаметным образом, когда я уезжал..."

Я остановил, наконец, этот поток. Не раздеваясь, я растянулся на перине. В потолке горела лампочка, когда я уснул. В трубе большой кафельной печки выл ветер.

Когда я проснулся, был день, был шум и свет, раскрытые ставни, возня в соседней комнате. Я присел на постели, и сейчас же тихонько отворилась дверь, и я увидел четыре детских глаза.

Оба <мальчика> были совершенно одинаковые, лет шести-семи, держали руки по швам, не мигали, не закрывали ртов. Штаны их были застираны, курточки зачинены; я поманил их к себе и поцеловал каждого в голову: от них пахло птичьими перьями.

— У меня есть апельсин, — сказал я им и открыл чемодан.

Они никогда не видели апельсина и впились в него тонкими с острыми коготочками пальцами. Я отдал им плитку шоколада и пустую коробку со смеющейся коровой из-под сыра, подержал в своей руке их хрупкие холодные руки.

— Вы знаете, кто я?

Да, они знали.

— Ну скорее, зовите сюда маму.

Я встал, Соня вбежала в комнату.

Она вбежала с болезненным напряжением в лице, как бывает, когда люди ни за что не хотят выдать того, что у них на душе. На ней было старое демисезонное пальто, заменяющее утренний капот. Я обнял ее и почувствовал, как страшно, как неузнаваемо она растолстела, какая низкая и тяжелая у нее грудь, какие покатые плечи.

Она ничего не могла выговорить. Слезы струились у нее по лицу, и я невольно думал, какой она мне стала теперь чужой, она, которую когда-то купали в одном со мной корыте. Ее руки, запомнившиеся мне как легкие руки школьницы, были велики и неповоротливы, и толстое обручальное кольцо носила она

---

[5] Довольно забавный тип (фр.).

уже на мизинце. Не то робость, не то зависть была в ее глазах, когда она взглядом впилась в меня.

— Ты, ты, — твердила она, — так вот ты какой стал! Француз! Белогвардеец! Ах! — она заплакала. — Много ваших назад вернулось за этот год, да разве мы верили? Смотри, маму не убей!

Мы с ней стояли у окна, и я заметил, что уже почти не смотрю на нее, а смотрю в окно. Я смотрел в окно на тихую, серую улицу.

Там человек катил ручную тележку, у дома напротив был самый будничный, привычный вид. Это был особнячок, только стекла были в нем выбиты да крыльцо заметено опавшей листвой. И в какой-то миг, отмеченный, наверное, за тысячу лет до этого дня, я увидел, как из-за угла вышла она.

Она шла той походкой, какой ходят на седьмом десятке люди, врастающие в землю, слегка разводя руками, слегка приседая в коленях. Она стала маленькая, вероятно, очень легкая, была одета в длинную до пят довольно широкую юбку и драповую кофту в талию, на голове у нее был светло-коричневый шерстяной платок. Он обрисовывал жгут, вероятно, теперь уже совсем седых волос. В руках она несла домодельный матерчатый ридикюль и длинный тонкий, как игла, зонтик с белой ручкой. Она перешла улицу у нашего крыльца и взошла по ступенькам.

Сквозь раскрытые двери, сквозь комнату, где Моисей Борисович возился со своими сыновьями, я увидел, как в передней открылась дверь, как она вошла и аккуратно закрыла и заперла ее, как вытерла ноги о половик и как не спеша стала разматывать свой платок. И тогда я пошел навстречу ей.

В этот самый миг она обернулась. Я думал, она закричит, упадет, и я заспешил, протянув к ней руки, чтобы удержать ее. Но она, словно отделившись от пола, понеслась на меня...»

И так далее, и так далее, и так далее.

Страниц, как я уже сказал, было около ста, но уже теперь все было мне ясно: Ваня Лёхин умер от воображения. Оно перешло в лихорадку, это лихорадка, может быть, трепала его весь последний год, а какой прекрасный был человек! По всем швам Биянкуру не везет: лучшие люди его умирают, достойные люди дохнут. Пускаются они, сначала тайно, во всяческие мрачные развлечения и домучивают себя как умеют. А некоторые, не далеко ходить, берут перо-бумагу и строчат. И грустно становится на них смотреть: такого рода энергия им не пристала, такого рода энергия от них не оставит ни полстолько.

Так останемся же, друзья мои, пехотинцы и маневры, чем

были! Не нужны нам ни перо, ни бумага, ни чернильницы. Ни слава, ни денежные суммы, ни любовь очаровательного существа пусть не тревожат наших снов. Тише воды, ниже травы советует вам сидеть испытанный в этих делах тип.

И пусть о нас другие что-нибудь напишут, а сами мы — от двух бортов в красного — не писатели!

1930

КОЛЬЦО ЛЮБВИ

Роман Германович с немецкой фамилией и жена его, урожденная Бычкова, поднялись по лестнице, отдышались, осмотрелись и позвонили. Роман Германович был стар и сух и издавал шелест, когда двигался. Урожденная Бычкова была лицом настоящая цыганка: темная, бровастая, губастая, с усиками и бородавкой под красивым черным глазом. На широкой груди носила она медальон, на руке — серебряный браслет, на пальце — кольцо с сапфиром. Юбки ее шумящего шелка закрывали располневшие ноги, которые от лестниц болели, а шляпа вечно была не в ладах с крутым черным узлом волос, в который сбоку, по приходе в гости, втыкался резной с алмазами гребень.

— Роман Германович, — сказала урожденная Бычкова, — у тебя костюм не в порядке.

Роман Германович оправился с легким шелестом и благодарно посмотрел на супругу.

Это было воскресенье, жаркое и пыльное воскресенье, с прикрытыми ставнями, с орущими граммофонами, с припомаженными проборами. В такую жару, как в холеру, вымирает Биянкур, и воробьи вылетают из него стайкой и летят к реке, и неба самого как бы нет: не голубое оно и не синее, а так, какого-то стеклянного цвета, и не движется воздух, и кто-то спит поперек нагретого тротуара, в случайной тени отцветшего в последнюю грозу каштана. В такую жару, как в холеру, собственно в гости не ходят, но с апреля месяца было решено... Что же было решено?

С апреля месяца урожденная Бычкова жила в тревоге. Правда, она всю жизнь жила в тревоге — таков был ее темперамент. И это несмотря на то, что отлично любила мужа, и даже сын у них был, человек без пяти минут взрослый. Были у урожденной Бычковой свои собственные добрачные воспоминания до того ярких цветов, что не оставляли они ее в покое, и чем больше не оставляли они ее, тем она все больше уверялась в том, что жизнь ее так себе окончиться не может, что еще грянет в заключение какая-нибудь последняя труба. До апреля месяца такие мысли часто терзали ее, а в апреле месяце она узнала, чем именно может закончиться ее жизнь, и стала к этому готовиться.

Тогда именно и познакомилась она с Мурочкой и Мурочкой. Мурочка-она была в ожидании мальчика (о девочке она и слышать не хотела), Мурочка-он все мечтал о девочке, и уж название ей придумал — Лида. Каждый хотел урожденную Бычкову на свою сторону перетянуть, а она вдруг ни с того ни с сего спросила своим строгим, низким, певучим голосом:

— Виновата, как ваша фамилия? Я не ослышалась?

— Крятовы, — ответили ей.

— А Владимир Георгиевич Крятов вам не родственник? — и она покрутила вокруг толстого пальца кольцо с сапфиром.

Мурочка закричал:

— Царство небесное, он мне дядя! То есть он не умер, надо бы справки навести. Дядя, дядя, а вы его знали?

А Мурочка сказала:

— Он в Сербии живет, ему сейчас, верно, лет семьдесят, не меньше.

— Шестьдесят девять, — сказала урожденная Бычкова.

Ей сразу задали много необходимых вопросов: когда она знала Крятова? Близко ли она его знала? Да где? Да правда ли, что он в молодости был красавец?

Она ответила, что дело было тому назад тридцать лет, знала его очень близко, ближе нельзя, в Москве, и был он действительно красавец.

И она тут же, при первом знакомстве, быстро раскрыла на просторной груди медальон. Мурочка и Мурочка заглянули в него, точно в самую душу урожденной Бычковой. В медальоне сидел он самый, Владимир Крятов, при усах и бороде. Крышечка захлопнулась.

Еще урожденная Бычкова показала им свой старый цыганский браслет, которым восхищался он в оны времена, и дала повертеть в пальцах кольцо с сапфиром, последний его подарок, который три раза в последние годы был в закладе, но который, слава богу, она все-таки сохранила, а теперь и сохранит навеки, потому что, опять-таки слава богу, черные дни для них с Романом Германовичем прошли и сын их скоро будет французом и инженером.

Мурочка и Мурочка не знали, как быть, перевели разговор на других людей, на самих себя, на мальчика и девочку. Урожденная Бычкова это заметила, прикрыла глаза и сказала:

— Вы, верно, удивились, что я вам так сразу все про себя и Владимира Георгиевича рассказала. Но чего стыдиться и зачем? Была революция, и мы теперь друг перед дружкой голые стоим, и скрываться нам нечего. Теперь все сказать можно. Какие после пережитых несчастий могут быть у людей тайны? А потому я прошу вас, узнайте, если только возможно, жив Владимир Георгиевич или умер, чтобы я могла за него помолиться.

Улыбаться ей было несвойственно. Она поводила бровями, сверкала глазами, говорила тихим голосом простые вещи, и шуму было от нее немного: скрип бархатных башмаков при тяжелой походке и шелест шелкового платья.

— Все-таки он нам родственник, — сказала Мурочка, — надо написать ему по старому адресу. Старый адрес в желтой книжке.

Из желтой книжки появился в мечтах урожденной Бычковой живой Владимир Георгиевич Крятов.

На сердце у нее стало так, будто и впрямь заиграла возле нее последняя труба. Жизнь ее и в самом деле оказывалась жизнью, а не так себе. Воспоминания ярких цветов, надежда, страшным и милым секретом таившаяся в душе, — все соединилось вдруг вместе и стало одной растущей счастливой силой. Во сне она видела Крятова выходящим из желтой книжки и идущим к ней. Что сказать? Куда взглянуть? Днем она, несмотря на то что отлично любила мужа, только о Крятове и думала. Вся ее жизнь в Биянкуре вдруг стала какой-то прозрачной, и сквозь нее виделась встреча.

Роман Германович позвонил еще раз. Там пищал ребенок — девочка, конечно, — и кто-то лил воду и кричал, чтобы открыли входную дверь.

Мурочка распахнул ее до отказу, изобразил на лице восторг и зашаркал. Урожденная Бычкова вошла первая, поздоровалась, достала из сумочки кружевной платочек, надушенный духами времен Макса Линдера и покорения Крыма, и вытерла влажное лицо. Выбежала Мурочка с опавшим, естественно, животом.

— Приехал, приехал, — зашептала она озабоченно, не так чтобы очень ласково встречая урожденную Бычкову, — приехал после первого же письма, с места сорвался. А зачем? Вообразил, что хорошо живем. Куда теперь деться, не знает. Хочет в конюхи устраиваться.

Она провела гостей в столовую с картинкой на стене и абажуром посередине.

За столом сидел Крятов, обривший усы и бороду, раскрывший рот для улыбки и бережно положивший верхнюю челюсть на нижнюю. На нем была зеленая однобортная куртка, был он без воротничка, вид имел земского начальника в отставке, проскакавшего верст сорок, не меняя лошадей и не высаживаясь из тарантаса.

91

— Вот, дядя, Роман Германович с женой, — сказала Мурочка. — Вы, кажется, по прежним временам знакомы.

Крятов привстал не поднимая глаз, потянулся к ручке урожденной Бычковой и сказал:

— Как же, как же, имел удовольствие.

Ей не было свойственно выражать свои чувства на виду у всех. Она подала ему руку с кольцом, которое всю жизнь носила вместе с обручальным (когда оно было не заложено). Он поцеловал ее длинный атласный рукав и сел, не дождавшись, покуда она сядет. Третий день не мог он в себя прийти с дороги: сколько денег было истрачено на эту поездку, сколько надежд положено!

В столовой ставни были прикрыты, и потому было прохладно. В углу стоял дубовый буфет, а на столе стояли белые чашки с голубым рисунком, всё какими-то черточками и хвостиками, напоминавшими знаки препинания.

— Жарко сегодня, — сказал Роман Германович, с тихим шелестом садясь с краю. Он любил поговорить о погоде. — Говорят, в Петербурге у нас тоже сейчас жарко и продолжаются белые ночи. Позвольте вам напомнить, что ночи иногда бывают холодные. Они, эти белые ночи, бывают на севере в июне и мае. Интересное такое явление.

Мурочка налила ему чаю.

— Белых ночей иностранцам не понять, — продолжал Роман Германович. — Даже наш сын, будущий инженер, не понимает. Вы, если не ошибаюсь, из Сербии. Славянская, братская страна. Однако белых ночей там тоже ведь не бывает.

— Нннне замечал, — ответил Крятов и пожевал.

Он, наконец, взглянул на гостей старческими, неприязненными глазами, вблизи уже не видящими ничего и с докукой смотрящими вдаль на какие-то никому не нужные мелочи. Он протянул руку к печенью.

Урожденная Бычкова сидела напротив него в обычной своей неподвижности. Она чувствовала запах старого сукна, нафталина, табака. Это не был приятный запах старости, который распространял Роман Германович, ее супруг.

— А у нас, конечно, девочка, — говорил в это время Мурочка, качаясь на стуле, — вы, наверное, хотите посмотреть? Пятого были крестины, и назвали ее Лидочкой. Вы, Роман Германович, непременно должны взглянуть.

— Я рад, я рад, — зашелестел Роман Германович, — если в санитарных условиях... Пожалуйста, к вашим услугам.

Его повели к дверям. Урожденная Бычкова сделала движение, но осталась сидеть. Крятов опять взял печенье.

— Эдакое легкомыслие, экое дурацкое легкомыслие, — начал он, двигая в лад челюстями и вытирая пальцы о скатерть, — в наше время, как-с иметь детей? Людям есть нечего, а они — рожать. Старым родственникам, на руках их качавшим, устроиться не помогут, только умеют душу разбередить: ах, то да се, да живы ли вы, да помните ли нас? Вот, думаю, случай: из захолустья вырваться, отдохнуть душой немного, сколько жить осталось. Собрал вещи, задолжал кругом, двинулся. В конюхи велят поступать: стол и комната, и даже триста франков жалованья дает один Бурбон, с претензиями на ихний престол. Вот и все.

Она прислушалась к детскому крику за стеной.

— Владимир Георгиевич, ведь вы меня не узнаёте.

Она наклонилась к нему через стол. Она улыбнулась ему, показав ряд больших ровных молодых зубов, отчего все лицо ее стало молодым.

Он уставился на нее своими дальнозоркими глазами, безразличными, бесцветными, откинулся на стуле, чтобы лучше видеть ее, но молчал.

Она все улыбалась.

— Нннет, мадам, простите... Как-с?

Но в это время его вдруг забегавший взгляд упал на плотную цыганскую руку, на кольцо с сапфиром.

— Ааааа... Да, да... Вот встреча! Только имя ваше не припомню.

— Варвара, Варя, — сказала урожденная Бычкова.

Он теперь смотрел ей в глаза. Подбородок его немного дрожал, и две стеклянных слезы остановились в глазах.

— Аааа... Как приятно. Поражен. Давно это было.

— Давно.

— У вас желтая шаль была, я помню, помню. Квартира была подле Петровского парка.

— Вы же мне и обставили квартиру-то.

— Да, да... Желтую шаль, как сейчас... Было, было.

Она опять прислушалась к голосам в соседней комнате.

— На лихаче, зимой, в мороз. Хорошо это было. Такая, понимаете, угарная жизнь. Как-с? Переживания такие ааааа... московские.

Она взглянула на дверь, она очень боялась, что могут войти. Мухи летали вокруг абажура, стреляли в стороны, кружились.

— Вы теперь, значит, одни. Овдовели?

— Уже двенадцать лет, как схоронил. От дифтерита. Святая была. Думал — не переживу. Такой второй на свете нет. Ангел!

— А дети были?

— Один сын, прохвост форменный, простите, да-с... Выгнал его, теперь не знаю, где он. Говорят, людей вешал.

— Что же, вы тогда большое приданое взяли?

— Было, было. В Пензенской губернии леса известные, строевые. Все раскрали.

Она смотрела не мигая, слушала.

— Но жизнь-то ваша счастливо прошла? Были вы счастливы?

— Вполне, вполне. К жизни привык добропорядочной, это сейчас — обстоятельства враждебные, теперь — конюхом. Как-с? Годы уже большие, здоровья нет, после такой жизни какое может быть здоровье? Спасибо еще ноги носят.

Он опять взял печенье.

— А сюда вы надолго?

— А куда ж отсюда? Обратно нельзя, сжег корабли. Там не ждут. Необдуманный шаг, конечно, да ведь там я тоже на шее у людей сидел. Письмо показалось родственное, умилило даже слегка. Дал я его прочесть адмиралу Фонмагену — светлая голова! Говорю ему: ваше превосходительство, шестое чувство меня влечет в Париж, другой раз случай не представится. А он мне: ваше превосходительство, если и впрямь шестое чувство, то и не противьтесь ему. Оттого что противились шестому чувству — Россию погубили.

Он взволновался вдруг, шея его покраснела и вытянулась.

— А они мне говорят: вы, дядя, нас не поняли. Мы, говорят, не звали вас, а так просто про вас узнать хотели.

— Это я виновата, — сказала она, — это я вас оттуда выманила.

Он не понял и продолжал волноваться.

— Очень мне вас еще раз увидеть захотелось, — продолжала она, — не верилось, что так все и кончилось навеки. А с апреля, как узнала я, что вы живы и, значит, увидеться возможно, просто непонятно даже, до чего много я о вас думала. Вы не удивляйтесь, что я так говорю. Теперь революция была, теперь мы все друг перед дружкой голые ходим, секретов больше нет и быть не может. Потому я так и говорю. Я одна виновата во всем, я вас растревожила.

Он кашлянул и посмотрел куда-то вбок, все еще не слишком понимая ее. Она с усилием сняла с пальца тугое кольцо с сапфиром, поймала снова его взгляд своими медленными глазами.

— Вот, — сказала она тихо, — ваше кольцо. За него много

денег дать могут. А мне оно не нужно, у меня сын скоро будет французом и инженером. Только не надо, чтобы об этом знали.

Он залился буроватой краской, стал жевать ртом так, что плоские длинные уши его заходили вверх и вниз.

— Позвольте, нет, это как-с? На средства женщины только подлец...

— В закладе за него все три раза пять тысяч с легкостью давали, — сказала она глубоким своим полушепотом. — Революция была. Голые мы все. Теперь все можно. Берите.

Она протянула ему кольцо.

— Если кому-нибудь сели на шею, так это я виновата. Простите меня, кольцом плачу. Так вас видеть хотелось, так ждала, что и вас покоя лишила.

Он взял кольцо и зажал его в руке, и вспухла вилкою жила на этой потерявшей прежний образ и подобие руке. Он хотел что-то сказать, но ничего не придумал, только не спускал с нее глаз, ставших вдруг колючими и голубыми. Она долго смотрела на руку, на то место, где было кольцо. Там, вокруг пальца, шла легкая белая полоска, которой, верно, осталось совсем недолго существовать. Потом она повернула руку и стала рассматривать свою широкую ладонь с давно известными ей линиями, пока не вошли Мурочка и Мурочка, измученные и счастливые, и Роман Германович с пятном на коленке.

— Если бы вы, дядя, не боялись сквозняка, мы бы здесь окно открыли, — сказала Мурочка.

Крятов думал о чем-то своем и не ответил.

— Можно, — сказал он вдруг, подбирая губы, — раскрывайте ваши окна, ваши двери, рожайте детей. А я переезжаю.

— Куда? — закричали Мурочки.

Он вышел в прихожую и оттуда на кухню, где лежали его вещи: маленькая кривая корзина, атласная коробка с орденами, серебряный набалдашник от несуществующей палки, и стал выбираться из квартиры.

Мурочка вышел вслед за ним в прихожую, и стоял, и смотрел, стараясь что-то сообразить.

— Послушайте, дядя, — сказал он обиженно, — ведь по счету отеля «Каприз» платить придется мне. Чего это вы вздумали. На какие такие средства?

Но Крятов уже был на лестнице со скрипучей своей корзинкой. У него вместо шляпы оказалась фуражка с лаковым козырьком. На первой ступеньке он остановился, обернулся, лицо его вытянулось, в глазах мелькнуло безумие.

— Наследства лишу! — крикнул он и весь задрожал. — В

конюхи отдать хотели! Сам конюхов найму, чтобы таких, как вы, на порог не пускать!

Мурочка втянула мужа в дверь. Захлопнула ее.

— Встанет это нам в копеечку!

— Перестань, — прижималась к нему Мурочка и даже брала за мочку правого уха, как в первые дни после свадьбы. — У него припрятано, с первой минуты было ясно: у таких, как он, всегда припрятано.

Роману Германовичу от всего этого стало неловко, недаром была у него немецкая фамилия: людям с немецкой фамилией часто бывает за других неловко.

— До свидания, до свидания, — шелестел он, — милости просим к нам, и непременно с вашей крошечкой. Очень, очень благодарны.

Урожденная Бычкова, может быть, и слышала, как Крятов грозился нанять конюхов, да ей больше не было до него дела. Она вышла в переднюю тоже. Завершился для нее какой-то круг, широкий и шумный, и трудный, и счастливый. И вот они оба вышли на улицу, в душную городскую улицу, в жаркий летний вечер. Идти было недалеко. Она шла в ногу с ним, со своим супругом, приноровилась она за столько лет к его шагу, как к косяку — рама. На улице было безлюдно, и во весь путь им встретились только двое, две женщины, а больше никого.

А женщины были из тех, что приехали с неделю тому назад в кибитках кочевых и стали на берегу. На женщинах этих, верно с самой Бессарабии не мытых, висели монисты, вихрем завивались при ходьбе вокруг колен красные с синими цветами юбки. Одна из женщин была старая, совсем коричневая, с круглыми золотыми серьгами, с зеленым платком на голове, в козловых башмаках. Другая была молодая, в красных городских туфельках на острых каблучках, причесанная на прямой пробор, перетянутая в талии серебряным чеканным пояском. Увидев Романа Германовича, имеющего, кстати сказать, ужасно какой русский, даже для Биянкура, вид, та, что была моложе, так прямо и перегородила ему дорогу, так прямо и положила ему длинную узкую руку в дребезжащих браслетах на рукав и заглянула в глаза ему по-цыгански.

— Дай погадаю, дедушка, о долгой жизни, — певуче сказала она, — положи монетку на руку, всю правду скажу, не изменяет ли тебе твоя милая. Дай. Она была стройна, весела и, наверное, голосиста, и на плечах у нее была ярко-желтая, как подсолнух, шаль с грязноватой, кудрявой бахромой, цеплявшейся за пряжку горячего пояска.

1930

БИЯНКУРСКИЙ ПРИЗРАК

В тот день, когда умерла Надя Басистова, Надежда Ивановна, худенькая, высокая, с узлом светлых волос на затылке, Конотешенки, муж и жена, дали знать о том в Крезо мужу ее, отцу ее сына. Несмотря на то что муж когда-то выгнал Надю вон за измену, Конотешенки считали, что настало время Басистову Николаю приехать и заняться мальчишкой, которого, болтливого и смешливого, на эти дни приткнули в приют, где долго не держат.

Конотешенки считали, что Басистов кругом виноват в поведении жены, и, когда два года тому назад Надя приехала к ним и сняла у них комнату, объяснив, что в Крезо, к мужу, ей никак нельзя вернуться, они простодушно ответили, что считают ее Басистова хуже зверя.

Надя мечтала поступить в горничные, ходить во всем чистом, гладить чужое шелковое белье, чистить чужие лаковые башмаки, пересчитывать серебро и подавать разные блюда с жирными кушаньями к плечам незнакомых гостей. Но мешал сын, и она бросила думать о том, что в жизни дается лишь избранным, поступила на завод, где носила широкие, подтянутые у груди брюки и все сортировала, все подбирала какое-то металлическое конфетти, сыпавшееся ей в ладони из широкой трубы.

Вечерами приходили к ней мужчины, и тогда она забирала Лёньку вместе с матрацем, на котором он спал, выносила в прихожую и клала там на пол. А Конотешенки, если случалось ночью выйти в прихожую, ругали долго и с удовольствием Басистова Николая, сгубившего Надину жизнь. И оттого, что они друг с другом отчетливо и навеки во всем были согласны, они испытывали бодрящую душу радость.

Гости вели себя прилично, спиртных напитков не требовали, пили, что им давали, по большей части сладкое вино. Они приходили и уходили осторожно, придерживая дверь, чтобы не хлопнула, и выказывали полное понимание создавшегося положения.

И вот Надя простудилась и умерла, да так быстро, что не успели даже попробовать ее полечить, не успели ее спросить, не хочет ли она доктора или аспирина? И что было делать дальше с хохочущим на весь дом Лёнькой? Конотешенки схоронили ее на французский казенный счет — все-таки была она одинокая фабричная — и дали знать в Крезо: адрес Басистова нашелся в Надиных вещах.

Несколько дней еще продолжали ходить мужчины, и спрашивали, и не верили, и просили над ними не смеяться. Один, принесший закуску, страшно рассердился и велел передать Надежде, что он не идиот, и поступать так с собой не позволит, и до нее доберется. Но добраться до нее видимым образом было уже невозможно. И Конотешенки ругали приходящих и говорили друг другу в порыве страстного единодушия, что они никогда не знали, что этих было такое количество.

Басистов Николай выехал в Париж на пятый день после похорон, кое-как устроив свои дела. Он был в тоске и злобе на жену, которая так и не попросила у него прощения. Он с первого же дня одинокой жизни стал ждать этого часа, приезда ее или хотя бы письма, и ожиданием были полны эти два года до краев, и вся его жизнь была одним непрерывным и, как теперь оказалось, бессмысленным ожиданием. Никто, кроме нее, не был ему нужен на всем свете, и оттого, что мысли его все время были вокруг нее, оттого, что в бедном своем воображении он все сочинял какие-то будущие с ней разговоры, томительные и скучные, он, в сущности, никогда не был по-настоящему один. Он с упрямством твердил себе все одно и то же: что не такой он человек, чтобы его можно было забыть, что к таким, как он, всегда возвращаются, что его в жизни ожидает сладкая минута: простить и позволить ей жить с ним.

Он приехал в Париж вечером. До этого он никогда здесь не был. Его с двумя тысячами других, как он, прямо выписали из Турции на сталелитейные заводы. Его дело было сидеть на месте и ждать, и он даже не переменил в Крезо комнаты, боясь, что потеряется для Нади, что она, когда приедет или напишет ему, вдруг не найдет его. И он сидел на месте, несмотря на то что люди вокруг него, знавшие их обоих, были ему в тягость, портили жизнь. И каждому приходилось объяснять, что не она бросила его, а он ее прогнал.

Он не смел показаться в Париж, он боялся, что встретится с женой и она решит, что он раскаялся. Он думал: вот сойду с вокзала, зайду в лавочку или пожрать куда, и сейчас же она тут как тут. Хоть город и велик, но случайностей не оберешься. И гордость раскрасит ее лицо (за что ей доставлять такую радость?), и придется подходить и объяснять, пока она будет улыбаться: не думай, что я приехал за тобой.

И вот он увидел Париж. Увидел почтовый ящик, мокрую улицу, морду битюга над самым своим ухом и длинную цепь таксомоторов под длинною цепью могучих фонарей. В темноте сверху, из небесной ночи, сыпались слабые, тающие на губах и руках снежинки, такие робкие и неясные, что озабоченному человеку простительно было и вовсе их не заметить. Какой-то господин в чинах и летах раскрыл зонтик, не сообразив — дождь идет или снег: видит — тротуар сыреет, а вверх взглянуть невдомек. И старая газетчица с провалившимся носом и исплаканными глазами прикрыла от сырости подолом юбки кипу вечерних газет.

Басистов прошел мимо таксомоторной цепи, ища, у кого бы спросить дорогу, думая найти среди отменно вежливых краснорожих усачей хотя бы одно незнакомое, но родимое лицо. Но лица не было. Темные верхи покрывались снежной пыльцой, от каменных домов и широких тротуаров получалось впечатление великолепия столицы. То, что документ у Басистова был в полном порядке, на мгновение придало ему храбрости. Он подошел к полицейскому.

Басистов был невысок ростом, слегка кривоног и делил волосы на прямой пробор, что мало красило его. В руках у него была картонная коробка средней величины, перевязанная веревкой, и старый зонтик с дамской ручкой. Говорил он настойчиво, но не очень внятно, и городовой не сразу понял его.

До Биянкура, до Национальной улицы, было очень далеко, и сколько времени Басистов провел в поезде под землей, он и сам не знал. Он пересаживался дважды, один раз ошибся, и пришлось вылезать и спрашивать дорогу. Когда Басистов наконец вышел на воздух, все было бело, стояла ночь, звезды горели на небе, и карета скорой помощи с флажком пронеслась мимо него на всех парах в зимнюю даль с унылым, долгим звоночком.

Он пошел по плохо освещенным русским улицам. Здесь-то уж наверное шмыгала она, его Надя, тащила за собой Лёньку, кляла жизнь. Где-то ее юбчонка короткая, в складку, в которой выгнал он ее тогда из дому, и где шляпчонка с кривыми полями, из-под которой падали ей на лицо светлые кудри? И длинные пальцы, такие молодые и нежные, которыми она, по старой привычке, иногда закрывала свое бледное, испуганное лицо? Такой и еще сто раз иной вспоминалась она Басистову все эти годы, и он знал, знал наверное, что она к нему придет, потому что он хороший, верный, любящий, немного бессовестный и жалкий и жестокий, но ведь не больше, чем все остальные, к которым в конце концов возвращаются. Кроме этой уверенности, у него два года не было ничего. Увидеть унижение Нади, услышать ее голос, когда она будет говорить, что идти ей некуда, что она пропадет без него, что, если он ее не примет обратно, ей один конец. От трех бортов в лузу! Этой мучительной и счастливой картиной, не до конца, впрочем, обдуманной, было заполнено его воображение.

Прошел трамвай, и сидели в нем всё какие-то вагоновожатые, и с тоской смотрела трамваю вслед не взятая в путешествие парочка.

Он позвонил у квартиры, его впустили, и он вошел в комнату, всю загроможденную мебелью, словно без толку сюда были вдвинуты один за другим: буфет, стол, кресло, комод. За столом сидела жена Конотешенки, еще не старая, полная женщина, и штопала мужу небесно-голубой носок. Место самого Конотешенки было напротив. Там лежала газета, русская конечно, и из нее выбирались для чтения маленькие объявления, что-нибудь смешное, к примеру: «Ищу Рюриковича в отъезд на всем готовом. Справиться во втором дворе по черному ходу...» или «Прихожу на дом. Приношу с собой ультрафиолетовые лучи. Расстоянием не стесняюсь. Гарантия...». Конотешенко читал их вслух, а жена сидела и улыбалась.

Басистов, войдя, подумал: «Здесь, здесь жила, умерла, ходила, выносили», а Конотешенки оба стали по двум сторонам от него и грустно на него смотрели. Он был точь-в-точь таким, как рассказывала Надя.

— Одинокая молодая женщина, в наше тяжелое время, — сказала жена Конотешенки с расстановкой и опустила глаза, чтобы не видеть лица Басистова, — брошенная на произвол судьбы с ребенком...

Басистов потемнел.

— ...когда нету средств, и защитить некому, и не знаешь, куда идти и чем кормиться, и нет пальто теплого, и вообще...

— Где Лёнька? — спросил Басистов.

— Лёнька в приюте. Да там долго не держат, — сказал сам Конотешенко, — там для приходящих.

— Его взяли, потому что мы просили священника, то есть попа. Он добрый, все устроил. Говорит, можете не спешить брать, поживет с недельку.

— А прошло уже восемь дней.

— Десять.

— Девять.

— Ну ничего, подержут его еще, хотите возьмите, хотите повремените денька два.

— Что ж временить? Я человек рабочий, должен в Крезо

100

вернуться, каждый день — вычтут, разговор короткий. Засиживаться не могу.

— ...в наше время, — говорила жена, — быть выброшенной на улицу. Только смертью кончиться и могло. Но конечно, есть такие люди, которые никогда не поймут, жизнь проживут, и до них не дойдет, и они не раскаются.

Басистов хмуро сказал:

— Прошу меня не учить. Я ее с ребенком не гнал, я ее одну гнал. Если бы она мне тогда Лёньку оставила, ей бы легче было. Что же, по-вашему, я ее простить должен был? Это по какой же морали?

— Одну гнали? — сказали сразу два голоса. — Да разве она одна, без Лёньки, жить могла? Да если бы вы видели, как она его на матраце в прихожую по ночам выносила, вы бы поняли, что она без него жить не могла.

— Это вы потому так говорите, что она умерла, а если бы она здесь замуж вышла, так вы бы меня за зверя не считали.

— Замуж! — воскликнула жена. — Да разве могла она замуж выйти? У нее не такая душа была. Она птица была, у нее душа была небесной птицы, такие не для замужества. А вы это понять должны были или сказать ей: такой тебя природа сделала, я тебе не судья, я тебя люблю, и сын у нас, и я тебя не оставлю.

Басистов усмехнулся.

— Вот так мораль. Дамское рассуждение. Этак вам выгодно, а мы в убытке.

Он вызывающе взглянул на Конотешенку, будто ища поддержку.

— Женщины разные бывают, — уклончиво сказал тот, — я считаю, что если женщину толком не понимать, то лучше не жениться.

Басистова провели в пустую холодную Надину комнату. Кроме тахты и вешалки, была тут этажерка висячая, которая стояла теперь на полу, стул и три пустые бутылки из-под мадеры под окном, в углу. Тут же, в углу, стоял высокий Надин сундучок, который она тогда с таким трудом поволокла на вокзал под радостными взглядами соседей. Она тащила его в одной руке, а другой тянула Лёньку. Такова была картина. Был белый день, и в общем и целом лучше это забыть. Когда Конотешенки вышли, он выдвинул сундук на середину комнаты, сел рядом на стул и раскрыл его.

Пахло сладковатыми Надиными духами, бог весть когда ею полученными в подарок — от кого? верно от любовника, с которым он ее проследил. Эти духи продушили всю ее, и вещи

101

ее, и жизнь ее, и в конце концов задушили ее. В этом запахе лежало теперь служившее в разное время всевозможное женское тряпье, в котором трудно было что-либо понять. Было здесь черное заштопанное и до блеска заношенное шелковое платье, и дырявые чулки, и просто какая-то рвань в истлевшей, поблекшей шляпе. Были Лёнькины старые башмаки на гвоздях, и кружевной платочек, и сумка из клеенчатого крокодила, и сломанный гребень.

Чем дальше он рылся в сундучке, тем сильнее чувствовал, что роется не так себе, а хочет найти что-то уличающее, позорное, постыдное, письмо какое-нибудь, или деньги, или золотую вещь, чтобы сказать: смотрите, она и подарки брала, должно быть, весело жила. Но ни золотой вещи, ни денег, ни клочка бумаги не осталось от нее. Любила ли она кого-нибудь, и как любила, и зачем жила так, как жила, — осталось неизвестным. И только три бутылки из-под мадеры нахально свидетельствовали о том, что кто-то в этой комнате еще недавно пил, тянул тихонько в одиночестве или пропускал за воротник в компании.

Он без стука вошел в комнату Конотешенок. Муж лежал в постели под одеялом и внимательно наблюдал, как раздевается жена. Она голыми руками, широко раздвинув круглые белые локти, пыталась расстегнуть на спине пуговицы лифчика.

— Так почему же, если плохо ей было, не вернулась она прощенья просить? — спросил Басистов грубо. — Я, может быть, простил бы, я, может быть, тоже страдал.

Жена Конотешенки остолбенела.

— Она об этом никогда не думала. Выйдите в прихожую. Просят без стука не входить. Ей это и в голову не приходило.

Конотешенко заворочался под одеялом.

— Удивительный вопрос! Она про Крезо никогда даже не вспоминала.

Басистов остался стоять в прихожей, когда Конотешенки захлопнули за ним дверь и заперли ее на ключ. Он вернулся к Наде, сел на тахту, и странное чувство охватило его: ему вдруг показалось, что это он пришел к ней, вместо того, чтобы ей прийти к нему, он хочет, чтобы она послушала его, как он будет говорить ей о своей любви, как он будет просить у нее прощения, как будет умолять вернуться к нему. Ни гордости, думал он в этом странном оцепенении, ни самолюбия вообще не существует, ни чувства обиды, а есть только отчаяние от того, что ее нет и нельзя ей сказать, что ему все равно, как и с кем жила она эти два года, с кем пила мадеру, кого обнимала на тахте. Он пришел просить, чтобы она не оттолкнула его от себя, и все равно куда уходит она, оглядев себя в зеркале, узкобедрая, длинноногая, молчаливая, как всегда, он ни о чем ее не спросит, и когда она вернется, тоже не скажет ничего, а будет только радоваться ей.

Но это оцепенение прошло так же внезапно, как пришло. Он очнулся, ему показалось, что он уснул сидя на тахте. Перед ним сундук с разрытыми вещами и окно, в котором висит ночь с мутной луной и тающим на крышах снегом. Он один, встречи не будет ни там, ни здесь, и там вообще никакого нету, он давно это подозревал, а теперь это было ясно.

Наутро, прежде чем уйти на работу, Конотешенки предупредили его, что вполне доверяют ему, чужому человеку, и квартиру, и ключ, но что в Биянкуре, вообще говоря, полиции каждый человек известен. Они ушли. И Басистов сейчас же пошел к ним в комнату, чтобы узнать, что это за люди. Он все осмотрел, нашел много запертых дверок и ящиков, но были на стенах интересные фотографии, блеклые и пыльные, и он стал рассматривать их. На одних, вытянув руки по швам, остриженные в скобку, стояли в высоких сапогах и вышитых косоворотках бородатые и безбородые мужчины, а женщины сидели в широких кофтах, простоволосые и скуластые; на других — мужчины были в сюртуках, один — в пенсне, а женщины — в прическах и перетянутых в талии платьях. Басистов не мог решить, кто же из двух Конотешенок сделал в свое время мезальянс? На буфете лежал вчерашний хлеб, и Басистов не удержался, съел его. В буфете он ничего больше не нашел. Выйдя на кухню, он допил молоко. Он посмотрел в окно: от вчерашнего снега не осталось ни следа, ни полоски, все было черно, мокро и скучно.

Он вышел шататься по улицам, по площади, где девицы из Армии Спасения раздавали прохожим листки, где Козлобабин открывал свой магазин и выгружались товары, где откуда-то непрерывно неслись звуки осипшего граммофона. Он пошел мимо кирпичных стен, за которыми ходуном ходил завод и где в этот час было пустынно и глухо. Он шел за Лёнькой и думал о том, что не узнает его, не отличит в толпе ребятишек, и если ему вместо Лёньки выдадут чужого, особой беды не будет, но будет несомненно длинная волокита и всякая чепуха.

Он отворил калитку, прошел через квадратный двор, стиснутый соседними пятиэтажными домами, поднялся по ступенькам крыльца. Блестели паркеты, и пахло перловым супом. Наверху тихо и чинно гудели детские голоса, повторяя не то стихи, не то молитву. Его провели в столовую, где на стенах висели лазоревые рисунки — ковры, люди и паруса. В окне он увидел: идет почтальон, потом пробежала кошка. Вошла заведующая, и вслед за ней с неистовым грохотом посыпались сверху дети. Лёньку ввели к нему с присохшей под носом соплей, но живого и здорового, и они оба без труда узнали друг друга. «Это — папочка, — впрочем, сказала заведующая, — скажи „здравствуй, папочка"».

Басистову показалось, что в Лёнькином лице теперь было больше сходства с ним самим, чем раньше. Во всяком случае, это был его сын, он в этом почти не сомневался. Он поцеловал его в голову, Лёнька засмеялся своим диким, коротким смехом, спросил: зачем он приехал и скоро ли уедет назад? Жизнь оказалась не так проста, как Басистову до сих пор казалось, жизнь вдруг усложнилась необычайно. Он распихал по карманам принадлежащее Лёньке имущество и вывел сына на улицу.

Сначала они гуляли, сидели на бульваре, завтракали, потом пошли домой и спали, и только выспавшись, стали разговаривать. Басистов разглядывал Лёньку, а Лёнька разглядывал Басистова. Разговор зашел, конечно, о Наде, и Басистов сказал, что они завтра утром уедут оба вместе в Крезо, где Надя их ждет. Лёнька слегка испугался, не уедет ли она дальше, не дождавшись их, и не двинуться ли им в дорогу сегодня, но Басистов успокоил его. Потом, запихав ему в рот шоколадную конфету, он усадил Лёньку на одно колено и начал его пытать, собравшись с духом: как с мамой жили, что ели, ходили ли куда, ругались ли? И Лёнька отвечал все одно и то же, что жили прекрасно, ели много, ходили в церковь и не ругались никогда. И вдруг он расплакался и стал бить Басистова ногами и на вопрос Басистова, помнит ли он его, закричал, злобно плача: нет, нет, нет!

Этому, конечно, научила Лёньку Надя. Видно, и впрямь Басистов был ей совершенно не нужен, а может быть, он только ей мешал в ее скандальном поведении. Жила она, должно быть, весело, пьяно жила, может быть, содержал ее какой-нибудь биянкурский коммерсант, или обворовала она кого-нибудь под пьяную лавочку. Одним словом, не нуждалась она, видимо, в его прощении, и невероятным казалось Басистову, что в вечер приезда он мог выдумывать какие-то необыкновенные слезные слова для нее, и унижаться, и отчаиваться, и о чем-то жалеть. Он гнал от себя мысль о вчерашнем вечере, когда он сидел перед раскрытым сундуком. Слава богу, она умерла. Иначе что бы он с ней делал? Если была в ней душа небесной птицы, то сколько бы еще с этой птицей было бы возни, сколько бы было мучений! Без нее в Крезо могли пройти долгие годы, а он бы все, как дурак, сидел и ждал.

Теперь были сумерки, и опять шел снег, но на этот раз пополам с дождем. Лёнька играл со своими старыми сапогами, вдевал в них руки, становился на четвереньки и говорил: «Папа, я — лев». Басистов прислушивался, ходил по комнате, выходил в прихожую, грелся у чугунной печки. Лёнька на четвереньках полз за ним: «Папа, я — тигр». Когда вернулись Конотешенки, голодные, усталые и дружные, греться больше нельзя было. Он решил уезжать сегодня, не ждать до утра. Ночным поездом.

Перед тем как оставить эту квартиру, он пошел к ним проститься. «Пообедаем на вокзале, сядем и поедем», — сказал он. Лёнька собрался было заплакать, но обошлось. Конотешенки были холодны с ним, а с Лёнькой ласковы. Говорить было не о чем. Он извинился, что съел хлеб, не подумал, что, может быть, он им нужен, в рассеянности, простите... Они пощекотали Лёньку за ушами. В последнюю минуту он вспомнил про молоко, выпитое утром, но ничего не сказал, и он, и Лёнька, оба сошли по лестнице, и дверь за ними захлопнулась.

1931

КОЛЬКА И ЛЮСЕНЬКА

Мы еще живы! Не хочу этим сказать, что так-таки за этот год ни один из нас не лишил себя жизни, нет, поработали и ножичком, и сонными порошками, и газом, и пулю в сердце всаживали (военного человека в дурные минуты до самой старости к пуле тянет). Были и естественные смерти в домах, на улице, в больнице; сначала начали убывать полковники и подполковники (генералов я не считаю, они как сели за баранку, так за баранкой и работают), теперь капитаны в возраст входят. Были и такие случаи, которые ни туда ни сюда: человека отпетого и знавшего, как ему следует поступить, спасали, откачивали, и тогда какая-нибудь комната или квартира на несколько часов превращалась в тонущий корабль, в сошедший с рельсов поезд, в горящий дом. Бывало, бывало... Но все-таки: мы еще живы!

Опять рвутся в мутный дождь, в дневное ненастье звуки граммофона из «Кабаре» — похоронный марш Шопена или «Камаринский мужик», переделанный в фокстрот; опять бежит под вечер, в сумерках, по скользкому тротуару мадам Клавина девчонка в платке за хлебом, в булочную, где искусственная бархатная елка светится желтыми шарами, с Рождества неубранная. Ветер летит с реки, хлещут ветвями по небу обветшалые платаны, родимый городок разрывает прохожему сердце. И пускай в Париже и других городах тоже есть люди, сознающие свою непоправимую жизнь, нет места непоправимее родимого Биянкура.

Много здесь нас дышало, вздыхало, задыхалось. Осенью шуршали листья на площади, летом пыль взметалась над фронтоном завода Рено и кашляли дети; весной безработные уходили на берег реки и там, подложив под затылок газету и выставив босые одинаковые желтые ноги, долго лежали, закрыв глаза. А солнце и над ними делало свой небесный круг. И каждый день под вечер, когда три дальних трубы, на которых держится все наше биянкурское небо, делались лиловыми, таяли, уничтожались и снова оседали плотней на закате, каждый день мимо одинаковых этих ног, мимо развешанного белья шла женщина, обходила лежащих с бритвенным тазиком, кисточкой и бритвой и брила их за пять су (причем они привставали немножко, и она мазала, мазала кисточкой, сама черная, худая и старая). Каждый день гуляли взволнованные весной и городом девочки, прибегали куда-то и

106

откуда-то визжавшие девушки. А женщины — из этих же девочек и девушек конечно, глядя успокоенно и серьезно вдаль, катили колясочки с детьми. И много было таких, у которых в колясочке сидел желтенький китайчонок, а два-три болванчика шагали рядом, держась за материнскую юбку. Иногда из колясочки выглядывал побледневший на материнском молоке негритосик, иногда же — попросту свой, белый француз.

Так было весной, и все лето продолжалось синее небо, солнцем и машинным маслом веющие улицы, стук фабричного сердца за высокими стенами, жара, однообразие жестоких будней и ненужное нищее и дикое веселье воскресений. Сперва работали пять с половиной дней, потом пять, потом четыре, потом три с половиной дня в неделю. Август! Нет в Европе печальнее месяца в году!

Может быть, кому-нибудь и к лицу эта теплынь, эти облачка в небе, всякие там моря и дачи, дороги дальние. Штатским и дамам это все нежит душу, но людям военным не до этого. И когда вдруг, грохнув чем-то железным, свистнув в два пальца, налетит первый октябрьский ветер с тьмой, дождем, с долгой тоской, наше сердце опять словно прядает на свое место, собственное место в груди.

Подтянись! (Откашляемся.) Виду не подавай! (Выпрямимся.) Сомкнем ряды! Если ты когда-нибудь и был сделан из воды и соли, то это давно прошло. Теперь ты должен был стать чугунным.

И вот — мы живы. И уже январь. Уже просвистала осень, и, затянувшись, продождило Рождество. И вот уже иногда от сыроватой мягкости в воздухе вечером при звездах или без них начинает заползать в душу первый страх весны. Говорят: объяснение этому факту надо искать в известном мировом кризисе.

А впрочем... Тем, которые аккуратно улеглись на скамейках площади и которым в этом мире не выпало ни гостиной, ни столовой, тем, вероятно, частенько снится именно весна, когда можно меньше есть и больше пить (воды, вслед за соленым), кого-то этот способ жизни устраивает. Сейчас они лежат весь день, обглоданные холодом, а ночью куда-то уходят: в недостроенный дом, в пустую трамвайную будку, за чужой забор, и таким, конечно, необходима курортная температура. Так и быть! Пускай наползает весна! А мы, у которых дома кое-что топится и душа готова еще бог весть к чему, мы постараемся не размякнуть, не раскиснуть, не разнежиться от овощей, сирени и соловьев.

А Весловскому? Чего хочется ему? Неужели так-таки ни на что не откликнется этот человек? Печка у него есть, и печку эту он топит, по крайней мере, через день. Кровать у него хоть и узкая, но в порядке, и он спит на ней — это тоже известно, потому что ночью слышен скрип и сухой, долгий кашель, говорят — не страшный, потому что Весловский не молод. Он стар: ему пятьдесят три года.

Надо сейчас же сказать: это личность необыкновенная. В прошлом, такие слухи ходят, это был негодяй. Была у него история с двумя девочками на Минеральных Водах, в последнюю минуту в Батуме застрелил он какого-то чиновника; в Константинополе его поймали по делу купеческих бриллиантов, но бриллиантов и след простыл. Много позже, в Париже, году в двадцать восьмом, один камушек как-то блеснул в узле его галстука, но вскорости пропал. Он служил в одном франко-русском учреждении, где его держали за манеры, за французский выговор, за ловкость, с которой он выпирал из этого учреждения всех прежних русских служащих, пока его самого не выперли тоже. Он надоел всем до крайности. Машинистка подала на него в суд за какие-то шалости, в счетной книге что-то было подчищено. И тогда он сошел с лестницы, как в театре, вдруг осев, причем пальто его сразу стало истертым и рыжим, хлопнув дверью, как в романе, так что кусок штукатурки рассыпался у него на плече.

И вдруг выяснилось — на улице, дома, в каких-то конторах, куда он забегал, — что он старик, совсем старик, что в помине нет манер, ловкости, один французский выговор остался, который даже смешон в обтрепанном, давно не бривнемся человеке. А главное, затылок его напоминал затылок облысевшей мартышки: кое-где волосы падают космами на воротник, пыля перхотью, кое-где виднеется лысина, или даже несколько мелких лысин сразу, роющих в разных направлениях эту когда-то могучую шевелюру. Он всегда был строен, он, говорят, даже был красив, носил монокль, таскал с собой огромные, как столовые салфетки, тонкие и душистые платки. Когда-то.

Что же тут необыкновенного? Действительно, пока все как будто вполне обычно: бывший наглец, полубарин, благородной крови и хамского поведения, опустился и растерялся в жизни — вот невидаль! Но дело в том, что у Весловского было в его теперешней жизни что-то, о чем стоит рассказать.

Начать с того, что по воскресеньям к нему приходили в гости девочка и мальчик, и не только эти дети приходили к нему всегда одни, но что самое важное, ни девочка, ни мальчик не подозревали о существовании один другого. Девочка приходила утром, часов в одиннадцать, оставалась не больше часу и уходила к завтраку домой. Мальчик приходил после двух и уходил часов в пять. Оба звали Весловского папой или даже папочкой, так что действительно выходит, что это были его дети от разных матерей.

Девочке было лет пятнадцать, но в шубке зимой, в снежный день, когда след снега еще белел на крышах и люди шли в церковь, она казалась совсем барышней. Она звонила, он бежал к дверям по пустой квартире, хозяева уже были у обедни, впускал ее и осторожно целовал в щеку.

— Здравствуй, Люсенька.

И каждый раз у него было такое чувство, что она осчастливила его навеки своим приходом, а все-таки пришла напрасно.

Она была девочкой богатой, и он стеснялся перед ней своего нищенского состояния. Она носила веселые, светлые платья, была острижена в кружок. Она садилась к нему на постель и развертывала покупки, и всегда это было что-то неожиданное, купленное в хорошем гастрономическом магазине, где-то далеко-далеко, в ином мире, куда никто из нас не забредывал. Мы, может быть, только витрины такие видели проездом, где колбасы висят, колбасные витрины, от которых билось наше сердце. У других оно бьется от витрины цветочной или обувной, должно быть, есть чудаки, у которых трепет в душе при виде книжного магазина. Но в глубокой сырой улице в столичный вечер, когда все на месте: и сиреневые тени, и оранжевые огни, когда для кого-то наступает радостный час, мы смотрим на окорока, на миски паштетов, на разодетую рыбу и не можем отойти.

Потом она вынимает двадцать пять франков и дает их Весловскому. Он знает, что это ее деньги, собственные, и с заминкой берет и прячет бумажки. На спиртовку он ставит кофейник и моет две кружки и курит. Она рассказывает ему все, что ему можно знать, тщательно отбирая из прошедшей недели самое неинтересное, самое общее, другого ему знать не надо. Мать и отчима только слегка задевает рассказом, нечаянно. Они едут на снег, отдыхать, она остается с фоксом и англичанкой (которая, между прочим, сейчас сидит в кафе и ждет ее).

— А поклонники у тебя уже есть? — спрашивает он с ужимкой, и она отвечает:

— Целый хвост.

Очень скоро ей делается скучно, и она, не зная, о чем бы

еще рассказать, и все время помня, что есть очень много вещей, о которых раз и навсегда условлено не говорить, начинает наперекор всему рассказывать про мать, про дом, про отчима, про школу. Про мать! Он внушает себе, что это она говорит о Лиде, о Лиде, той самой, ради которой он двадцать лет тому назад пытался покончить с собой и которая ушла от него, и получила развод, и исчезла из его жизни.

— Ну, папа, я пойду, — говорит она, взглянув на часики на узком запястье. — Ты бы, папа...

Но она умолкает.

— Спасибо, Люсенька, — говорит он, — спроси там как-нибудь, если будет удобно, нет ли костюма старенького у Всеволода Петровича. Ты спроси, не забудь, а я зайду, пусть оставят у швейцара.

Это был ее отец, тот, что возил ее кататься в карете, в Петербурге, в карете, куда однажды не вошла мамина шляпа с перьями, дверца оказалась узка. И сколько потом об этом было разговоров! Она знает, что приходит она сюда не так себе, а по уговору, по решению суда, так объяснила ей когда-то мать. Это так надо. Он держал ее перчатки, пока она затягивала узкий ремешок пояса. И вот она уходит, высокая не по летам, напоминая всем своим видом необычной формы амфору, или, может быть, какое-то комнатное растение, или еще что-нибудь.

Он завтракал и убирал посуду, наскоро проглядывал газету. За стеной завтракали хозяева, или обедали, может быть. Они всегда ели долго и молча; хотя по воскресеньям собиралось все семейство, человек восемь, не меньше, голосов слышно не было, все были заняты едой, и по крайней мере продолжалось это занятие два часа, только посуда гремела на кухне.

Весловский проснулся от звонка, хозяева открыли; Колька шел по темному коридору к его двери, царапался некоторое время, не сразу во тьме найдя ручку, входил без стука и кидался отцу на шею, громоздился к нему на колени, держался за его бледные плоские уши, и все это с таким смехом, с таким лучом в глазах, что Весловский тоже начинал неловко посмеиваться, тискал сына, от которого пахло улицей и мылом для стирки белья.

Одна из Люсенькиных десяток сейчас же переходила в Колькин кулак, потом он с удовольствием съедал остатки курицы и кусок полендвицы.

— Да ты, наверное, миллионер, — кричал он, — я им дома сказал, что ты миллионер, вкусные вещи ешь, а они говорят, что ты скоро будешь просить на паперти. Что такое «паперти»? Французского слова такого нет. Это по-русски? Папироску

110

дашь? Не надо, я только так, чтобы тебя испугать. Я вчера в магазине Козлобабина яблоко спер.

Он валился с хохотом поперек кровати, задирал ноги в башмаках на деревянной подошве, и Весловский почти успевал сосчитать на них блестящие гвозди.

— Красть грешно, — говорил он, — за это в тюрьму сажают.

— Дядя говорит, что ты всю жизнь крал, а в тюрьме не сидел.

— А ты и не заступишься за меня, Коленька?

— А может, это правда? Черт тебя знает!

Он сполз с кровати, сел к Весловскому на колени и положил ему ладонь на лысину.

— От тебя духами пахнет, — сказал он подозрительно, — миллионер духами моется.

Этот приходил не по суду, этот приходил сам собой. Не было ни брака, ни развода. Все было коротко, как-то наспех. А все-таки это был его сын, это он знал.

Одной рукой он сжимал подаренную десятку, другой трогал решительно все: засаленную бархатную думку, бритвенную кисточку, старый путеводитель, главное, что его поражало, был простор этой комнаты, сам он жил неподалеку, в одной-единственной комнате, отделенной от кухни занавеской, и в ней помещались: мать, человек, которого он называл дядей, он сам и две его сводные сестренки трех и двух лет.

А Весловский сидел и думал: как Колька похож на мать! Те же задорные глаза, вздернутый нос, те же светлые волосы. Да полно, было ли все это? От иного сна больше остается, чем осталось в памяти от прежней жизни. Если бы не Колька, можно было бы подумать, что ничего вообще не было, да и вообще, в сущности, что же было? Все истаяло, годы прошли, и ничего не осталось. Позвольте, почему же не осталось? Не довольно разве: седина, морщины, кашель по ночам, ишиас, семи зубов не хватает, когда читает — очки. Не довольно? В сырую погоду колени ломит. От кофе сердце стучит.

Кольку с трудом можно было выпроводить. Обещание зоологического сада, обещание катания на лодке в Булонском лесу, обещание футбольного мяча. Внезапно странная мысль пришла Весловскому в голову. Он не успел обдумать ее, она мелькнула, и он схватился за нее.

— В будущее воскресенье приходи утром, я тебя тут с одной девочкой познакомлю. Хочешь?

(Он будет жалеть об этом, он, кажется, делает глупость.)

— А почему днем нельзя? Ты что, уезжаешь?

111

— Не уезжаю, а так.

— Я им скажу, что ты уезжаешь. Что ты за границу летишь на аэроплане, вот удивятся!

— Зачем же?

— Я им скажу, что ты автомобиль поехал покупать.

— Ну хорошо, скажи.

На прощание Весловский дал Кольке глоток вина. Колька громко глотнул и потер себе живот, улыбаясь до ушей. Потом Весловский остался один.

Он прекрасно понимал, что ничего хорошего из этого не выйдет, из этой встречи, что он продолжает разрушать свою жизнь, и даже делает это с удовольствием. Эти приходы могут прекратиться, он затеял опасную игру и на этот раз сухим из воды не вылезет, туда ему и дорога! Как устроен человек и кем устроен: не всегда хочет пользы себе, хочет, да-да, активно ищет и хочет вреда, мало ему было этого вреда, этого зла, этих потерь, неудач, конфузов и позоров. Все разбито, последний черепок захотелось разбить, раздавить, в порошок стереть. Еще можно поправить, да, можно легко поправить, но он не хочет ничего поправлять, мелькнувшую мысль ухватил за хвост и теперь висит над пропастью. А впрочем, не все ли равно? Громкие слова перестали что-либо значить. Никакой такой пропасти нет. Все это пустяки, мелочи. Не стоит и думать над ними.

В субботу вечером он пошел в один клуб, куда ходил редко и где ему не были рады. Были даже разговоры о том, что пора его выставить вон, отнять членскую карточку. Пусть идет на все четыре стороны. В клубе он послушал разговоры — все те же всегдашние разговоры, обсуждения романовской трехсотлетки. Он остался при особом мнении, и на него внимания не обратили. Ночью он много кашлял, щелкал выключателем, ходил по комнате. Утром почистился, снял паутину в углу, под потолком. Печку зажег. И когда тепло пошло от нее, ему захотелось уснуть и ни на какие стуки не открывать.

— Сегодня, Люсенька, — сказал Весловский тихо, — придет ко мне в гости один мальчик, немножко невоспитанный, потому что бедный. Я, видишь ли, Люсенька, был женат после того, как вы меня бросили. Мальчик этот, так сказать, мой сын от второго брака.

— А, — сказала Люсенька и развязала большой пакет в коричневой бумаге. Оттуда она вынула кило чайной колбасы, банку варенья и серые в полоску брюки.

— Тебе это ничего?

112

— Нет, почему же? У всех дети. А почему же ты давно не сказал?

— Я боялся, что тебе будет странно.

— Нет, мне все равно. Ты будешь кофе варить?

— Кофе нету. Есть чай.

— Примерь брюки.

Ей и вправду показалось все равно, а сейчас стало вдруг очень скучно в этой пыльной, холодной комнате и захотелось домой. Она ведь приходила сюда не только потому, что суд так решил, ей казалось, что она снисходит, она, единственная, умная и хорошенькая, до его бедной жизни. Вероятно, она единственная его радость, и это приятно знать. И что же? Оказывается, не она одна существует, но есть еще кто-то. Ей захотелось разбить что-нибудь, сказать ему грубость, и она сдерживалась, чтобы не расплакаться.

— Нет, они тебе малы, — жестоко сказала она, взглянув на Весловского, которому брюки Лидиного мужа были в самую пору.

— Да нисколько! Они мне в самый раз.

— Нет, я вижу, они тебе малы. Я возьму их назад.

— Люсенька, ни капельки! Даже внизу выпускать не надо.

— Нет, нет, тебе не видно сзади. Они к вечеру лопнут. Сними их.

Он отошел и в углу переоделся. Он не смел спорить. Вскипел чайник.

Колька позвонил у дверей, Весловский выбежал из комнаты.

— Садись, Колька, это вот Люсенька, познакомься. Я потом объясню, кто она такая. Сейчас будем колбасу есть. Вот чай, вот масло. Сними пальто, здесь печка топится.

И прошлое, у которого Весловский сидел в гостях, показалось удивительно уютным, так бы и сидеть до скончания дней: девочка, гладенькая, воспитанная и вскормленная не им, с гувернанткой и уроками рояля, и мальчик, оборванный и голодный, но веселый и самостоятельный не по летам, тоже, в общем, имеющий к нему мало отношения.

Но Колька требовал горчицы, а Люсенька пила чай с ложечки, едва касаясь ее губами.

Он говорил все время, рассказал им все, какие слышал, биянкурские новости, которые Колька знал раньше него и которые Люсеньке были неинтересны. Она скоро ушла, завернув брюки Всеволода Петровича в ту же бумагу своими беленькими ручками. Она осталась непреклонной, хотя Весловский и говорил, бегая вокруг нее, что сейчас он от хозяев принесет сантиметр и докажет, докажет... Но она почему-то знала, что он к хозяевам не пойдет. Она улыбнулась, качнула головой и взяла пакет под мышку. «Я так и думала, — сказала она, уже в передней, — он ведь и толще, и выше тебя».

Колька усмехнулся, взял со стола кусок колбасы и понюхал его.

— Это она тебе носит, — разбойничьи его глаза стрельнули в дверь, — и десятки небось дарит?

Видно было, что ему здесь сегодня не по себе, и он подумал, что дома лучше, в чаду вечной стирки, под рев сестренок, под крики матери.

— Миллионер, — сказал Колька и пошел натягивать свое пальтишко, — и откуда только у других благотворители берутся? — (Эту фразу в готовом виде он слышал дома каждый день.) И видя, что Весловский отвернулся к окну, подняв плечи, втянув голову, он сунул кусок колбасы в рваный карман и вышел, стуча гвоздями подошв и хлопнув дверью.

И вот к Весловскому по воскресеньям больше никто не приходит. Колька вместо этого играет в мячик на улице в компании, и на них уже два раза жаловались соседи. А Люсенька понимает, что в суд он не пойдет, у него на адвоката нет денег. Она ходит на каток. Колька его не узнает на улице, когда он проходит, а ходит Весловский теперь целый день, потому что разносит по домам молочные продукты.

Брюки, почти что новые, он получил стараниями наших комитетов.

1933

БИЯНКУРСКАЯ СКРИПКА

Он все тот же. И все-таки пришлось ему измениться немножко. Случилось это потому, что в нем нет ни памятников, ни фонтанов, ни колоколен, ни каких-нибудь этаких фронтонов, на которых, так сказать, держится всякий обыкновенный город, выстроенный для вечности. Вместо всего этого — бакалейная лавка, польский трактир (в помещении бывшей церкви), ночное заведение, парикмахерская да заводские ворота, поперек которых в рабочие часы опускается шлагбаум с красным огоньком, точно в каком-нибудь далеком путешествии. На этом городу не уцелеть.

Правда, есть еще четыре трубы, на которых, как было когда-то кем-то сказано, держится наше биянкурское небо. Они, если так можно выразиться, в городе нашем вместо колонн. Но разве могут они спасти дело и уберечь город от погоды и времени? Нет, они не спасают дело.

Погода туманная и черная; здесь всегда осень, если только не зной. Время идет, и все меняется. Три года ушло, и это для бакалейной торговли Козлобабина, для парикмахерской Бориса Гавриловича, для постояльцев отеля «Каприз», для клиентов ночного кабаре (где, между прочим, сильно пополнел хозяин) — все равно что для кариатиды какой-нибудь или для конной статуи три тысячи лет. Три года ушло... Была тогда гармоника в поперечной улице, Шурочка стучала там каблучками, счастливый пьяный голос разносил по Национальной площади «Мариупольского приказчика», в полдень сельдью шла толпа от мартенов и свистящих трансмиссий, от всего этого заводского ада, куда глаза глядят: закусывать, перекусывать, замаривать червячка. Это была жизнь. Биянкур слезам не верил. За правильное существование, за свое место в мире платили мировому равновесию работой, трудом, пахнущим потом, чесноком и спиртом трудом. Это была жизнь. Но с тех пор поколебалось в ней что-то, как будто мировое равновесие дрогнуло, в этом не может быть никакого сомнения, особенно если принять во внимание, что Миша Сергеич идет по улице не очень твердой походкой, идет и несет в руках скрипку.

Что-то поколебалось. И тому, у кого был расчет на людей, стало поплоше, а тому, у кого был расчет на божью милость, тем, как всегда, ничего. Зато третьим, уповающим на самих себя, на четыре свои конечности и мозжечок, тем, может быть,

115

стало лучше. Во всяком случае — Миша Сергеич шел по улице со своей скрипкой.

У кого был расчет на людей, тем стало неважно, когда люди, уволенные с работы, метнулись к Парижу или затихли у себя, вдруг перестав нуждаться и в венерологе де Гуревиче, и в зубном враче Сосе, и в ходатае по делам Гнутикове, давно уже выбравшем между вечностью и куриным бульоном куриный бульон, а теперь бегающем по всякой погоде в войлочных туфлях через улицу за табачищем. В один прекрасный дождливый день закрылась парикмахерская Бориса Гавриловича, и вскоре появились над дверью развешанные галантерейные товары: теплые кальсоны, фуфайки и передники. На месте ресторана Абдулаева, где в окне всегда лежали вялые мясные туши, засыпанные петрушкой, открылась сапожная мастерская, и подметками вверх лежат теперь башмаки. Там, где был кабак, помещается прачечная, на месте пустыря, неподалеку от «Лунного света», где, между прочим, тоже сильно поправился хозяин, на месте того самого пустыря, где однажды нашли мертвое тело, стоит нынче доходный дом, пустой, сквозной. Не до доходов.

Да, пришлось ему измениться слегка, чем он лучше нас с вами? Объясняет это наша газета мировым кризисом. Где он произошел, где начал свой расцвет, неизвестно. Может быть, в Америке. Но это только догадка. Но не меняются некоторые вещи, к примеру — наша небьющаяся биянкурская луна или деревянная голова ярмарочного урода, в которую бьют, проверяя свою силу. Но в существе своем разве может стать иной случайная родимая наша глухомань? В существе своем она все та же. И пусть думают, что, мол, и то, и это, и Биянкуру приходит конец. Биянкуру конца-края нет и не будет.

Миша Сергеич был роста небольшого, и именно потому, а не почему-либо другому Соня сомневалась столько лет. «Господи, — всегда думала она, — и почему он такого роста? И может быть, я еще встречу такого же симпатичного, но высокого человека. Ведь он мне абсолютно буквально до плеча». Она жила в Париже, у нее был миллион иллюзий, а он жил в Биянкуре, и у него был миллион терзаний. И месяцев восемь они не виделись, когда она вдруг приехала к нему.

Он пришел домой со скрипкой, и ему сказали внизу, что в комнате у него сидит дама. Дамы к нему не ходили, и он обеспокоился: не жена ли это к нему приехала, с которой он не виделся двенадцать лет? Они расстались в Африке. Оказывается, это была Соня. Худая, бледная, в чем-то нарядном и рваном, она сидела у него на диване.

116

— Вот так история! — сказал Миша Сергеич, от радости не понимая, что говорит.

— История впереди, — сказала Соня, очень волнуясь, — историю я вам сейчас расскажу.

Он сел на стул, поставив на стол два стакана и бутылку красного вина, ледяного и кислого.

— Алло, алло, — сказал он, — я вас слушаю.

— Говорит Париж, — ответила она, смахивая слезу с ресницы и стараясь, чтобы голос не дрожал. — Я вот уже с лета без места.

Это была история коротенькая, смешная, но с грустным концом. Из продавщиц Соня весной пошла в горничные, в первые горничные конечно, одевала барыню (барыня, оказалось, была когда-то русской), подавала к столу, содержала в чистоте серебро и простирывала время от времени шелковые чулочки. Потом барин деньги проиграл, и все в доме описали. Выходные ей заплатили ковриком и тюлем с окна в столовой. В сентябре осталась она вот так. А сейчас декабрь.

Миша Сергеич предложил ей выпить вина, но она отказалась. Тогда он выпил сам. Помолчав немного, он спросил, умеет ли она петь. Она сказала, что смотря что, и он стал слушать дальше.

Но дальше рассказывать она не захотела. Именно про эти три месяца она не захотела говорить. Она спросила:

— Вы теперь завтракать домой не возвращаетесь? И почему сейчас четыре часа, а вы не на заводе?

— Я переменил профессию, — сказал он, — и в завтрак самая горячая моя работа.

Она смотрела на него длинным, вопросительным взглядом, потом перевела глаза на скрипку, выкрашенную в слишком яркий цвет.

— Вы ходите по дворам? — спросила она.

— Да, я хожу по дворам.

Тут она вынула платок и заплакала.

Плакала она долго, и он не утешал ее, ничего не говорил ей веселого, не пытался сыграть ей бойкий фокстрот или марш «Тоска по родине». И даже выпить не предложил. Молча сидел он и смотрел на ее длинные ноги, на руки, закрывшие лицо, на сверток, который в сгустившихся сумерках казался больше, чем был на самом деле. Когда она выплакалась, он встал, подошел к окну. Пустая площадь, забор, булочная на углу. Все это он уже видел.

— Как исхудали ваши ручки, — сказал он вдруг, — как исхудали ваши ножки.

Если бы кто-нибудь третий слышал это, ему, наверное, показалось бы, что эти слова лишние. В особенности о ножках. Но они были вдвоем, и он сказал еще:

— Это все временное. Будет иначе. Мы придумаем. А пока я схожу куплю чего-нибудь. Будем чай пить.

А на улице была настоящая ночь, какая бывает только днем в декабре, задолго до вечера. Там, налево, стыла река с никому не нужной в это время года набережной, здесь, на площади, возле освещенной колбасной, стоял извечный пропащий человек и смотрел на колбасу. По случаю Нового года изукрашенное окно кондитерской сияло фольговой звездой, золотой и серебряной канителью, а под фонарем стоял саженный детина, предлагая прохожим склеротические розы, цветы на полпути между теплицей и помойкой, схваченные поутру морозом. Они раскупались по случаю праздника, по случаю фольговой звезды и по случаю дешевого шипучего.

В комнате было темно, и Мише Сергеичу представилось, что Сони нет: при свете, однако, оказалось, что она сидит там же, где сидела. И он понял, что ведь убежал он для того, чтобы дать ей возможность уйти без объяснений, если что не так. Но она не ушла, и сверток ее был на месте. Он стал хлопотать с чайником и спиртовкой, красиво выложив на бумажке сыр, ветчину и хлеб. Соня ела. Он сел напротив, он был так счастлив, что ему захотелось объяснить ей одну теорию, но он не знал, как начать.

— И давно это вы ходите? — спросила она.

— С полгода.

— Что же вы играете?

— Классический репертуар. И военные марши. Иногда что-нибудь легкое. Тут есть цыган один, он с гитарой, романсы поет. Мы друг другу не мешаем.

— Вы всегда умели играть на скрипке.

— О, да! — ему захотелось ей рассказать, как в Питере, когда он был студентом в психоневрологическом институте, у них был свой оркестр, но он решил, что расскажет когда-нибудь после.

Долго он смотрел на нее, не зная, взять ее за руку или нет.

— Теория у меня такая, — наконец сказал он и положил свою руку на ее. — Боже, как исхудали ваши пальчики! — Соня дрогнула, но не двинулась. — Теория такая: на эту землю мы уже не вернемся... Ах боже мой, не плачьте, я же говорю вам веселое! На эту землю мы не вернемся, а другую мы не знаем и вряд ли узнаем. Из этого приходится исходить.

Две слезы капнули на ветчину из Сониных глаз.

— Вы вдумайтесь в то, что я говорю. Это очень важно.

Она кивнула головой.

— И если вы отдохнете немножко... впрочем, об этом потом.

Она молча и задумчиво смотрела на него. Он подвинулся к ней.

— Я могу переменить репертуар.

Она молчала.

— Я могу перейти на романсы. Если вы согласитесь петь. Это совсем не страшно. И, знаете, я уверен, что это только временно.

Она кивнула головой и улыбнулась.

— Я сейчас, когда шел с площади, видел, как двое катят лоток, муж и жена, со всякой дрянью лоток, они у завода вечером торгуют. Так, знаете, дружно его катят, руками схватились прочно, цепко, как друг в друга.

— Нам не позволят.

— Тогда мы что-нибудь другое выдумаем.

Она смотрела на него долго, и он почувствовал, что она смотрит нежно, что она в первый раз в жизни смотрит на него нежно.

— А не холодно? — спросила она тихо.

— Иногда холодно, но вместе теплее.

Она думала о чем-то довольно долго и вдруг улыбнулась.

— Я так намыкалась за последние недели. Абсолютно. Буквально.

— Вы мне все расскажете.

— Может быть.

И он понял, что она осталась с ним. И что вот это — начало их жизни.

А против шлагбаума с красным огнем уже горели фонари. И вот подняли его, и люди потекли наружу. Заиграл граммофон в том кафе, где собирались ярмарочные карлики и женщина с бородой согреться кто чем у цинковой стойки. В половине девятого на площади должно было начаться представление.

Там протянули канат, чтобы отгородить сцену от публики, в центре поставили на булыжники истертый ковер, разложили гири для размалеванного атлета, цирковой дурак прогуливал ученых собачек. Народ начнет собираться с восьми часов. И пользуясь тем, что народу будет ждать скучно, друг Миши Сергеича пришел со своей гитарой, сел на ящик и цыганским своим голосом запел:

У меня есть усики,
У Маруси — косыньки.
Наша жизнь пройдет напрасно:
По одной полосыньке.
У меня есть усики,
У нее — волосики.
Наша жизнь пройдет бесцельно:
Прогремят колесики, —
и уже собирал деньги в шапку.

1934

ДВА РАССКАЗА КОНЦА 1920-Х ГОДОВ

ЗОЯ АНДРЕЕВНА

I

Зоя Андреевна чуть не расплакалась, когда увидала себя в зеркале: перо «эспри» сломалось и повисло над правым ухом; под усталыми глазами лежали черные круги — то ли от копоти, то ли от усталости; рукав шубы расползся по шву, и оттуда торчал клок грязной ваты. Медленно осмотрела она юбку: подол был оборван. Верно, случилось это, когда Зоя Андреевна вылезала из теплушки и старалась изо всех сил спрятать от мужчин, стоявших на перроне, свои тонкие, в ажурных чулках, ноги. В вещах должны были быть нитки...

Чемодан был раскрыт, и первое, что попалось ей на глаза, была пачка писем и фотографий. Она вынула ее, присела на кровать и стала пересматривать. Вот эту карточку можно будет поставить на стол, возле чернильницы, а вот эту — нельзя, она с надписью. Впрочем, и не надо: что было — то прошло.

У нее не было сил ни вымыть руки, ни зажечь свет. Она сидела в сумерках, в неприглядной комнате и чувствовала, как изнеможение и жалость к себе разливаются в ней теплым, успокоительным огнем. Внезапно слезы закапали у нее из глаз на разбросанные письма, и она повалилась поперек кровати, лицом в одеяло, с неодолимым желанием уснуть.

Надюшка оторвалась от замочной скважины. «Завалилась», — подумала она и неслышно побежала к матери.

Куделянова сидела у окна и шила. Шила она постоянно и всегда говорила, что шьет «из последнего». Временами она поднимала жирную голову на короткой шее и смотрела в окно на голые деревья городского сада, на крышу эстрады, где еще летом гремела музыка, на угловое здание мужской гимназии. С каждым стежком она все обещала себе отложить работу — становилось темно. Наконец, в столовую вошла Анна Петровна, неся в руках круглый салатник с винегретом. Она зажгла лампу и стала накрывать на стол.

Анне Петровне было лет тридцать пять, она была немногим моложе сестры и до сих пор оставалась в девушках. Марья Петровна считала ее вторым по уму человеком (первым был покойный Сергей Измайлович Куделянов, начальник участка). Особенно ценила Марья Петровна в сестре то качество, что Анна Петровна никогда ума своего ни при ком не выказывала, так что многие люди, в том числе и сам покойный Сергей Измайлович, считали ее вовсе глупой. Он даже говорил, что всякий раз, как она уверяет, будто ей пришла в голову мысль, — она врет. На это Марья Петровна замечала, что для того, чтобы врать, необходимо прежде всего быть умным человеком. Анна Петровна, чтобы не разрушить легенду Марии Петровны, старалась говорить одними вопросами, и проявляла в этом немалую изобретательность.

Когда Анна Петровна вошла с салатником в столовую и засветила лампу, Марье Петровне показалось, это удивительно уместным: как раз в ту самую минуту уже ничего нельзя было разобрать в шитье.

— Как ее звать, говоришь? — спросила Анна Петровна.

— Зоя Андреевна.

— Что ж она, полька?

— Почему ты думаешь?

— Зоя... Что за имя дурацкое?

В эту-то минуту и вошла Надюшка. Она сразу почуяла, что поспела вовремя, а если опоздала, то совсем на немного: разговор касался того именно, что единственно ее сейчас волновало. Она остановилась на пороге и, сложив руки под черным форменным передником, стала слушать и ждать, когда наступит время вставить словечко и ей. Ее белобрысая голова всегда поворачивалась в сторону говорившего, будто слушала Надюшка не бледными и длинными ушами своими, а ноздрями веснушчатого, не всегда чистого носа.

— Столоваться будет, говоришь? — спрашивала Анна Петровна.

— Только обедать.

— А завтракать?

— На службе.

— А служить где?

— Не разобрала я. Говорит: эвакуировалась с учреждением из Харькова. Под учреждение «Европу» отвели... Борщ поставила?

Анна Петровна кивнула и стала уксусом поливать винегрет, ворочая его вилкой.

122

— А сыпного тифу на ней нет?

Марья Петровна, зевая, снимала белые нитки, приставшие к животу.

— Ну, уж ты! Не пугай пожалуйста. Велела ей все снять с себя и выколотить хорошенько на всякий случай. Обещалась.

Надюшка сообразила, что пора ей вступить в разговор.

— А она не раздевшись с ногами на постель легла. И в шляпке, а на шляпке — перо, ей-богу!

— Где ты видела? — жадно спросила мать.

— В замок глядела, ей-богу, видать!

— Перо? Какое такое перо? — спросила Анна Петровна.

— На шляпке, тетечка, красивое такое.

— А сама она красивая?

Марья Петровна ничего не сказала: по ее мнению приезжая была недурна. Надюшка запрыгала кругом стола.

— Ужасно шикарная такая, ей-богу! Юбку оборвала и все разглядывает. Глаза большущие, брови хмурит.

— Пойду, посмотрю, — не выдержала Анна Петровна. — В замок, говоришь, видать?

Но, проходя по передней, она остановилась у зеркала, чтобы посмотреть, что сталось с прыщом, вскочившим утром на подбородке. Не успела она скривить лицо, чтобы лучше было видно, как у двери позвонили. Это вернулась домой Тамара.

Когда Тамара поселилась у Куделяновых (это случилось вскоре после смерти Сергея Измайловича, когда Марья Петровна решила сдавать комнаты), Марья Петровна опасалась, как бы она с улицы кого-нибудь не привела ночевать. С тех пор прошло больше года, но этого не случилось. Сама Тамара, правда, часто домой не возвращалась, но приводить никого не приводила и платила исправно.

Утром вставала она рано. В одной рубашке ходила на кухню мыться, потом курила, пила чай, пением своим будила студента, квартировавшего, как и она, у Марьи Петровны, надевала шелковую нижнюю юбку, красное платье, полинявшее под мышками, и, вдев в уши цыганские серьги, уходила на службу. Она служила машинисткой в управлении железных дорог, где на столике у нее постоянно лежали филипповские сладкие пирожки, пуховка, пилка для ногтей и разные другие неслужебные предметы, волновавшие воображение мужчин, замученных конторской работой и семейным счастьем.

Тамара не успела снять с головы пестрый шарф (шляп она

123

никогда не носила), как Надюшка и Анна Петровна потянули ее в столовую.

— Что случилось, девушки? — взвизгнула она, видя, как красное платье ее с большим вырезом съезжает с одного плеча, причем обнажается заношенная рубашка и грудь в пятнах от поцелуев.

— Гостиную сдали, — хихикнула Надюшка. — С Харькова дамочка, молоденькая такая, гордячка!

— Ну? Замужняя?

— Кольцо обручальное, а другое с камнем и на указательном пальце.

— На указательном? Ишь ты! А комнату не продешевили?

Надюшка опять хихикнула, завертелась на одной ножке. Косые, белесые глазки ее ушли под красноватые припухлости надбровных дуг. Анна Петровна увидела, что и сама-то она толком ничего не знает, ни о чем не успела как следует расспросить сестру.

И Тамара сообразила, что ни от Анны Петровны, ни от Надюшки ничего, кроме пустых восклицаний, не добьешься. Схватив кусок хлеба со стола, она побежала в кухню, к Марье Петровне, и там уже, положив на хлеб кусок нарезанного для подливки луку, стала слушать обстоятельный рассказ Куделяновой о том, как с час тому назад раздался в передней звонок, как извозчик внес старый, раздутый чемодан и как из продранного рукава женщины торчала вата.

Запах лука, борща, жареной баранины становился все гуще: приближался час тучного, пахучего обеда. В окна смотрело низкое, черное небо, по нему, клубясь, двигались декабрьские облака с северо-запада на юго-восток, грузно переваливаясь друг через друга. Внизу, по широкой, шумной улице, дребезжали ветхие пролётки линялых извозчиков, текли стаями люди, в большинстве — чужие этому громадному провинциальному городу, заполнившие его в ужасе и отчаянии бегства, видевшие близко эпидемию, разорение, войну. Они тоже текли, эти люди, с северо-запада на юго-восток — из Киева, Харькова, Полтавы, — сквозь этот холодный пыльный, город, в переполненный до краев Екатеринодар, в тифозный Новороссийск, чтобы потом вновь повернуть на запад, но на этот раз уже к берегам разоряемого Крыма, вверив кочевые жизни свои маленьким суденышкам, бросающим в темные просторы черного моря воздух раздирающий и тщетный SOS.

Но пока, на середине странствия российского, люди еще искали забвенной тишины или забвенной пестроты — что кому

124

требовалось. Они сотрясали город своим плачем и своим смехом. Они носились с одного конца на другой: с заплеванного вокзала — к тихим особнякам предместья, с широкой реки, застывающей по ночам, мимо огней кофеен и кинематографа — к отдаленным, пустынным улицам, уходившим в осеннюю степь.

Где-то, на расстоянии двух или даже трех суток мучительной езды в товарном поезде, но по карте — очень близко, невероятно, невозможно близко шли бои: кто-то падал и отступал, кто-то напирал, раздувая сельские пожары, с торжествующей бранью врываясь в сыпно-тифозный район белого хлеба, английских сапог, перепуганных стариков и женщин. Бои подходили уже к кровавым предместьям Харькова, фронтовая полоса начиналась сейчас же за Лозовой, за той самой Лозовой, мимо которой мчались когда-то стеклянные курьерские «Петроград — Минеральные Воды», где к рано вставшим пассажирам влетали когда-то в окна свежие листы «Приазовского Края».

От тишины, от того, что комната не дрожала, как дрожала набитая бабьем теплушка, Зоя Андреевна проснулась и почувствовала себя немножко счастливее, чем все последние ночи и дни. В комнате было темно; за окном мерцали желтые городские огни. Зоя Андреевна подошла к двери, нашла выключатель и зажгла свет. За окном сразу стало черно и пусто, а в комнате появились желанные, мирные вещи: кровать, стол, комод и многострадальный, растерзанный чемодан.

Зоя Андреевна расшнуровала башмаки и в одних чулках стала ходить по комнате, переодеваясь и прибирая. Темные, густые волосы свернула она узлом высоко над затылком, замшей потерла ногти и подушилась остатками Cœur de Jeannette, печально оглядев флакон.

Ее позвали обедать в половине шестого.

— Федора Федоровича еще нету, — кричала Марья Петровна. — Нюта, обождать бы надо!

Но все уселись, как обычно. И как обычно, только что все уселись, вернулся из университета Федор Федорович.

Он был очень худ, неловок и тяжел. Волосы его вились и стояли на голове блестящей, темно-рыжей копной; над большим ртом с извилистыми губами темнели усы. Быстрым, колючим взглядом обвел он обедающих, ссутулился и поклонился. Волосатыми руками, вылезающими из студенческой куртки, схватился он за ложку, вытер ее салфеткой и стал жадно, ни на кого не глядя, есть. Каждый день, когда Федор Федорович вытирал свою ложку салфеткой, Надюшка взглядывала на мать, словно приглашая ее возмутиться. Но Марья Петровна про себя уже давно замыслила нечто гораздо более крутое, а именно — отказать студенту в комнате. Времена становились баснословными, и можно было найти жильца куда выгоднее.

Анна Петровна вошла в столовую, когда Зоя Андреевна уже сидела, и потому ей пришлось до конца обеда промучиться незнанием, каковы были юбка и туфли приезжей. Зато она вдоволь насмотрелась на белую шелковую кофточку, расшитую мережками и украшенную маленькими перламутровыми пуговицами. Эти пуговицы и эти мережки, а также часы на кожаном ремешке остались в памяти Анны Петровны. Все это она могла бы нарисовать на бумаге, если бы умела.

«Так, так, — подумала она, — посмотрим, что будет дальше».

— А что же теперь в Харькове, много ли народу осталось? — пропела Марья Петровна, давая сигнал к общему разговору. — Небось не все уехали по чужим городам, добро свое пораскидали?

Зоя Андреевна побежала глазами по лицам. Ей стало не по себе.

— Да, конечно, многие остались.

— Верно, больше, которые с детьми, — произнесла Тамара, ни к кому не обращаясь. Все помолчали.

— А что же, ехали вы с удобствами или без? — начала опять Марья Петровна, наклоняясь над паром полной тарелки.

— Нет, какие же удобства, в теплушках ехали. Три дня.

— С мужчинами?

— Нет, что вы. Мужчины отдельно. У нас в вагоне было двадцать три женщины и еще дети.

— Ай, ай, ай, — удивилась Тамара, — а как же вы справлялись...

Она вдруг замолчала, взглянула на Федора Федоровича и фыркнула. Марья Петровна и Анна Петровна, закрывшись салфетками, затряслись от смеха.

— ...с едой, — окончила Тамара, подмигнув Надюшке.

Федор Федорович поднял голову, посмотрел на всех и будто впервые заметил Зою Андреевну. Она удивленно и немного испуганно смотрела на него. Но студент скользнул по ее лицу с таким же равнодушием, с каким глядел и на остальных.

Она стала смотреть к себе в тарелку, на кусок баранины в соусе, на жареный картофель. Что-то беспокоило ее в обхождении окружающих, и она начала есть торопливо, что не шло к ее наружности.

Тамара отодвинула стул и пошла в кухню за графином с водой. Ходила она подрагивая боками и грудью, высоко закидывая голову. Когда она вернулась и уселась, повернувшись боком к Федору Федоровичу, она спросила:

— Вы как, одни приехали или с мужем?

Зоя Андреевна улыбнулась, и все увидели, что она смущена, а Анна Петровна даже толкнула под столом Марью Петровну.

— Нет, я одна, — сказала она. — У меня близких нет. Я давно с мужем не живу.

И опять Федор Федорович поднял равнодушный взгляд к лицу и плечам Зои Андреевны, а Тамаре бросилось в глаза ее большое кольцо на указательном пальце. И ей сразу опротивела эта чистенькая, вероятно богатенькая приезжая, до которой, в сущности, ей, Тамаре, не было никакого дела: да пусть она провалится совсем, эта барынька, эта тихоня проклятая!

И Зоя Андреевна вовсе перестала поднимать глаза. После баранины подали застывший кисель. Марья Петровна взяла Надюшину тарелку и ложкой срезала с блюда кусок так ловко, что Надюшка получила больше всех. Потом получила кисель Анна Петровна и Тамара, потом Федор Федорович. Марья Петровна спросила:

— А вам с молоком или без?

Зоя Андреевна не поняла, относилось это к ней или к кому-нибудь другому. Она переспросила:

— Вы — мне?

— Да-с, вам.

— Нет, я без молока.

Надюшка вскрикнула:

— Я так и думала! Ха-ха-ха!

И тогда Зое Андреевне впервые стало страшновато. Она слегка наклонилась вперед и, сблизив ресницы, посмотрела на Надюшку:

— А почему?

Ей никто ничего не ответил. Марья Петровна, кончив есть, вложила салфетку в широкое серебряное кольцо, на котором славянскими буквами было вырезано «Кавказ». Потом выждав, когда дожует Анна Петровна, уперлась в стол обеими руками и встала. Когда она пришла на кухню и увидела груду грязных тарелок, которую ей предстояло вымыть и в которой сегодня было тарелки на три больше, чем вчера, она представила себе

127

еще раз Зою Андреевну, такую, какой она сидела давеча за столом, и громко, на всю кухню произнесла:

— Подумаешь, птица!

А Зоя Андреевна оставалась в это время в столовой вдвоем с Федором Федоровичем, и хоть она знала наверное, что Надюшка стоит и слушает за дверью, она чувствовала себя почти свободной. Оглядела внимательно комнату, увидела две размалеванные тарелки, подвешенные под потолком, пианино, на крышке которого пальцем по пыли было написано «Надежда Куделянова», серую латанию перед окном. Затем она встала и пошла к дверям. Ей пришло в голову, что хорошо бы сейчас сказать в коридоре «добрый вечер»: это могло бы за раз отнестись и к студенту, и к хозяйкам на кухне. Но неожиданно Федор Федорович обернулся к ней и, глядя мимо нее, в дверь, спросил:

— Скажите, пожалуйста, когда вы уезжаете?

Она удивилась:

— Я? Я только сегодня приехала.

— Я понял. Но мне интересно, когда вы уезжаете. Ведь вы с эвакуацией? Ведь вы же не думаете, что большевики не придут сюда?

Она сделала движение руками, которое делала всегда, когда не знала, как быть в самом основном и важном.

— Я пока не думала об этом.

— А, простите, пожалуйста.

— Я думал, — сказал он еще, — что от вас узнаю что-нибудь о положении вещей. Харьков взят.

— Неужто? — воскликнула она и прижала руки к груди. — Утром я еще этого не знала.

Он посмотрел на нее холодно.

— Да, взят. Вы ведь оттуда?

Она кивнула.

— У меня там брат. — Федор Федорович тоже встал. — Давно не пишет.

— В каком полку? — спросила она, чтобы чем-нибудь выказать участие.

— В N-ском.

— В N-ском? Вот совпадение!

Она улыбнулась, и глаза ее засияли.

— А у вас там кто? — спросил он грубовато.

— Близкий человек, — ответила она просто, и опять лицо ее омрачилось.

Он помолчал, желая уйти, но она загораживала дверь и не видела его.

— Позвольте пройти, — наконец сказал он.

— Пожалуйста.

И она вышла сама. Их комнаты были рядом.

— Нет ли у вас чего почитать? — вдруг спросила она, доверчиво взглянув на него в полутьме коридора.

— Нет, ничего нет. По экономике вот, учебники — да вам неинтересно.

— Жалко. А Апухтина нет? Или Ахматовой?

Он посмотрел на нее, пораженный, и взялся за дверь.

— Стихи?

— Да.

Он поклонился ей, пробормотав «спокойной ночи», и исчез.

Опять зажглась лампочка. Зоя Андреевна оставалась одна в большой хозяйской комнате, которой предстояло стать отныне ее домом. Она оставалась одна, но это не пугало и не радовало ее, она давно была одна со своими мыслями о личном счастье, которое она давно искала. Был на свете человек — о нем предстояло ей думать теперь дни и ночи. Этот человек уже два года занимал ее чувства. Прощание их было прощанием двух людей, которые друг другу обещались. Но уже давно жизнь Зои Андреевны и людей, вокруг нее живущих, была крепко-накрепко связана с чем-то большим, с движением каких-то стихий, след которых, или, вернее, дыхание которых особенно почувствовалось в последние недели. Было так, будто Зою Андреевну привязали к крыльям ветряной мельницы: крылья вертелись, она отлетала, взлетала, потом на короткое время чувствовала под собой неподвижную землю, но все не успевала удержаться на ней и опять кружилась. Война четырнадцатого года разлучила ее с мужем. Он вернулся прежним, но она разлюбила его, и он показался ей чужим. Она ушла от него. Сейчас разлука была иной: в любой день грозила она вывести Зою Андреевну из грусти и беспокойства в полное отчаяние. Разлука эта, совсем незаметно, могла превратиться в разлуку безнадежную.

Зоя Андреевна села к столу. Она чувствовала себя необычайно измученной. За стеной ходили, гремели посудой. Тамарин голос громко сказал:

— Ну, так как же? Погадаете вы мне нынче на трефового короля или нет?

Надюшка что-то визгливо рассказывала под общий смех:

— Вот так она пошла... И говорит ему: «Ах, скажите, пожалуйста, Харьков взят! Экое горе!»

Тут в коридоре послышались шаги и посвистывание. Это,

вероятно, прошел Федор Федорович. Где-то щелкнула дверь; через минуту послышался шум спускаемой воды; потом опять посвистывание.

Зоя Андреевна положила голову на стол, ухом прижалась к нему и застыла. И вдруг она явственно услышала, сквозь шумы куделяновской квартиры, другие звуки, очевидно, шедшие откуда-то снизу, через пол комнаты и ножки стола: она услышала музыку, приглушенные звуки рояля и мужской голос, который пел что-то знакомое, но что именно — она не могла припомнить. Она удивилась нежности мелодии, подняла голову, но музыка тотчас прекратилась. Тогда она обеими руками закрыла себе левое ухо (было в этом что-то детское), а правым опять прижалась к чудесному, гудящему далекими звуками столу. Она зажмурила глаза и слушала долго, пока пение не кончилось и не замерли в отдалении последние звуки рояля.

II

Утро следующего дня занялось хмурое. Внизу, под окнами, гремели по камням подводы; в доме раньше обыкновенного началась суета; в раскрытую форточку столовой моросил мелкий дождик. Тамара долго не уходила, пела, шлепала туфлями. Она поджидала Зою Андреевну. Надюшка с плаксивыми воплями ушла в гимназию, с полдороги вернулась за резинкой, потопталась в прихожей и, наконец, исчезла. Зоя Андреевна вышла часов в девять. Ей хотелось быть спокойной, заведенной на весь день, как часы. Но тоска долила ее. «Ах, нехорошо это, нехорошо, — думалось ей, — что это я растосковалась? Да разве не бывало мне в жизни еще хуже?» Очень прямая, высокая, может быть, немного медлительная, стала она собираться в передней. Тамара, с папироской, прилипшей к нижней губе, остановилась у двери.

— Доброе утро, — сказала Зоя Андреевна и заторопилась.

Тамара оглядела ее с ног до головы.

— Это вы что ж, на свой служебный заработок так одеваетесь? — спросила она, покачиваясь и складывая руки на еще неподтянутых грудях.

Зоя Андреевна почувствовала, как холод прошел у нее по загривку.

130

— Это еще до войны, — ответила она тихо, боясь, что скажет что-нибудь лишнее.

— До войны? — насмешливо переспросила Тамара. — Что ж, тогда у вас денег больше было?

— Было, — и Зоя Андреевна взялась за дверь.

— Может, и не служили? — все наглее продолжала Тамара.

— Нет, не служила.

— А теперь вот, бедненькая, служите?

— Да.

— Пострадали, значит?

За дверью послышался смех. Тамара отвалилась от косяка, кто-то дернул ее сзади за юбку.

— Ой, Марья Петровна, да не щиплитесь! — увернулась она.

Зоя Андреевна вышла.

Она спустилась по нечистой каменной лестнице; в глазах у нее рябило. Выйдя на улицу, она сделала усилие, чтобы забыть обо всем, но тоска залегла в ней прочной тяжестью. «Ах, да что же это в самом деле! — подумала она опять. — Ну разве время сейчас тосковать?»

Все тот же упорный ветер мел сор, крутил подолы. Кофейни уже были полны. Вагоны гвоздей, пеньки, соли перескакивали здесь из одних рук в другие. Так начинали штатские ветреный, холодный день. Военным не сиделось. Они ходили по улицам, заглядывая в окна гастрономических магазинов, и синели от холода. В этот час они никакого внимания не обращали на встречных женщин, прижимавших муфты к испуганным лицам. Шестнадцатилетние парни в обмотках толпились на углу, словно статисты громадного, нетопленого и пыльного театра. Другие собрались у подъезда реального училища, где чахлый инспектор тщетно зазывал их вернуться в классы. С песнями прошел батальон первокурсников, а за ними по тротуару плача пробежали девушки, все, вероятно, приличные, а не какие-нибудь, но имевшие безрассудно помятый вид. С вокзала по городу неслись свистки, пронзительные, долгие, по два, по три за раз: это пятые сутки подходили забрызганные кровью поезда и умоляли еще и еще потесниться, чтобы только стать им как-нибудь среди других, чтобы можно было вынести раненых, отделить тифозных, помочь маленьким детям слезть и за первой попавшейся будкой расстегнуть штанишки.

Марья Петровна слышала эти свистки и вспоминала свою молодость на линии. Когда все ушли и она осталась вдвоем с сестрой, ее с такой силой потянуло в комнату Зои Андреевны, что она только успела кинуть в кресло пыльную тряпку, которой обтирала буфет, да отпихнуть попавшую под ноги кошку.

В комнате воздух уже успел стать мягким, теплым и душистым, и Марья Петровна возревновала свою гостиную: ее собственные вещи показались ей вдруг изменившимися. Она подошла к комоду, увидела Cœeur de Jeannete, гребень, маленькие ножницы, потом потрогала висевший на гвозде капот, шевельнула ногой ночные туфли без задков. «Все-то у нее есть, — подумала она. — Ишь ты, беженка!» И она заглянула в шкаф.

— А, вот ты где! — вскричала в эту минуту Анна Петровна. — Меня гладить поставила, а сама — сюда? Да что ж ты думаешь, мне неинтересно?

— Ну, уж ты, пожалуйста, не кричи, — смутилась Марья Петровна, — я только на минуточку.

— На минуточку! — всплеснула Анна Петровна руками. — Да ты куда смотришь-то, куда? В чемодан смотреть надо, а не в шкап. Что в шкапу увидишь?

Они обе нагнулись к чемодану, но он был заперт.

— Вот видишь: права я! — торжествовала Анна Петровна. — Вот куда смотреть надо! Потому и заперла она его, что в нем всякое наложено.

Положительно, Анна Петровна была девушкой необыкновенного ума. Ах, Сергей Измайлович, Сергей Измайлович, где были ваши глаза?

Марья Петровна с восхищением смотрела на сестру: Анна Петровна из-под подушки выдернула ночную рубашку тонкого полотна, осмотрела ее и деловито сунула обратно; из корзинки для бумаг вынула лоскут смятой бумаги, разгладила его на столе, рассмотрела на нем чей-то адрес, записанный карандашом. Она, может быть, заглянула бы и в помойное ведро, но Марья Петровна вдруг забеспокоилась:

— Смотри, узнает она, что мы в ее вещах копались! Пойдем.

— Сама иди.

— Да нет уж, пойдем вместе.

— Так ты иди, а я приду.

— Нет уж, пойдем вместе.

Поспорив, они ушли одна за другой, но обе в душе решили, что еще вернутся. В их жизни внезапно появилось непонятное им самим напряжение. С первого часа пребывания в доме Зои Андреевны почувствовали они, что прежняя жизнь их нарушена. Они почуяли, что попали, быть может, в страстную полосу существования, что во всеобщем движении, во всеобщей тревоге пришло и им время жить, действовать. Как все вокруг них было полно ожиданием конца, так и они стали ждать. Что-то говорило им, что их было не две, не три, не четыре: что их было без конца и счета, с иглой ли, с шумовкой ли в руке, но захваченных общей жаждой ненависти и разрушения.

Зоя Андреевна чувствовала себя крепче, чем когда бы то ни было, привязанной к крыльям ветряной мельницы. Она находила смутную радость, встречая давно знакомых людей в разоренных комнатах и коридорах «Европы». Каждое утро, когда приходила она в свой угол, где стоял ее стол с разложенными бумагами, с журналами входящих и исходящих, ей казалось, что она ближе к желанной прочности, чем в вечернем хаосе куделяновской квартиры. Здесь были люди, пусть с зеленоватыми растерянными лицами, но связанные с нею одной судьбой; их будущее будет, вероятно, то же, что и ее. О прошлом ей вовсе не думалось: близких по прошлому найти среди них она не стремилась. Эти люди, сидевшие тут же, среди ящиков с неразобранными делами, среди залитых чаем столов, отнимавшие друг у друга стулья, которых недоставало, были ей сейчас ближе всех. Так же, как она, они ежедневно писали куда-то письма, пропадавшие на узловых станциях; как она, они ежедневно ждали ответов. В четыре часа прокуренные комнаты пустели. Зоя Андреевна возвращалась домой и уже издали в окнах видела высматривающее глаза: да одна ли она? да с той ли стороны она возвращается? И тогда просыпалась в ней никогда не томившая прежде тоска, унылое предчувствие чего-то неотвратимого.

Дома знала она четыре пары глаз: глаза Тамары, наглые, словно щупающее все, что бывало на ней надето; глаза Марьи Петровны и Анны Петровны, пробегавшие по ее лицу и рукам, как бегают по трупу крысы; и лживые, ненавидящие глаза Надюшки.

Зоя Андреевна жила в непрестанной настороженности: просыпаясь ночью, она прислушивалась, не стережет ли ее кто-нибудь, не идет ли кто, чтобы застать ее врасплох? Вечером, в коридоре, она боялась, что какие-то руки протянутся к ней из-за шкафов и сундуков или выдвинется вдруг откуда-то полудетская нога и даст ей подножку. «Съехать бы, — иногда думалось ей. — Но куда теперь съедешь?»

За обедом ее не оставляли в покое; ей казалось, что ею перебрасываются, как мячиком, с ужимками, перемигиваниями, усмешками.

— А родители ваши живы, Зоя Андреевна?

— Отец в Москве.

— Ах, вот как. Коммунист, конечно?

Или:

— А за границей бывали вы, Зоя Андреевна?

— Да, в детстве.

— С гувернантками, верно, жили?

— Да.

— А теперь, значит, сами вроде гувернантки служите...

— А муж ваш, Зоя Андреевна, легко развод дал?

— Мы не разведены. Сейчас это трудно.

— Ах, так. Мешает это вам, верно, очень?

Федор Федорович никогда ничего не говорил, только всякий раз дважды солил еду и обнюхивал каждый кусок. Он жил под постоянным страхом призыва, и ему никакого дела не было до Зои Андреевны.

Надюшка обыкновенно начинала писклявым голосом:

— Мама, купи мне медальончик такой вот! — и она пальцем показывала на аметистовый подвесок Зои Андреевны.

— Где нам, Наденька, такие медальончики покупать! Мы люди бедные.

Анна Петровна оживлялась:

— Нам такие медальончики и не снятся. Какая наша судьба?

Зоя Андреевна думала: «Что это? Как мне уберечься? Не может же это так продолжаться?» Но это продолжалось изо дня в день.

Можно было, конечно, рано уходить и поздно возвращаться, запирать чемодан, молчать, но изменить главного нельзя было, как нельзя было взять билет второго класса до Харькова и уехать, или как нельзя было телеграфировать в Синельниково: «Беспокоюсь. Ответьте срочно, когда сможете быть Ростове». Северо-западный неутомимый ветер дул с дикой силой, кроша людей, колыша Россию. И Зою Андреевну крутил он и мял в своих жестоких лапах, и нес туда же, куда неслись, объединенные страшной бурей, судьбы людей, станиц, губерний.

Прошло двенадцать дней со дня приезда Зои Андреевны, и люди снова стали заколачивать едва раскупоренные ящики, увязывать корзины, чтобы везти их еще дальше. Поезда уже не останавливаясь проходили мимо. Город все более ощущал близость фронта, все гуще наливался народом. Каждый вечер, когда Зоя Андреевна возвращалась, она глазами искала в прихожей письмо, но его не было. Надюшка обычно в это время играла на рояле.

Письма не было и в этот вечер, и Зоя Андреевна прошла к себе. С утра не могла она согреться; мысль об отъезде, о новом бегстве, не страшила ее, но она чувствовала себя опустошенной и подозрительно легкой: когда ходила, боялась, что ее унесет куда-то. Холодно и сыро было на улице, холодно и сыро в «Европе».

— Закрывайте двери, пожалуйста, — целый день только и говорила она. — Какой сквозняк!

Теперь, кутаясь в платок, подошла она к зеркалу и взглянула на себя: лицо было очень розово, глаза воспалены. «Да у меня жар, — сказала она себе, — я простудилась!» Она уронила голову на руки. Как скучно было ей! Никогда, никогда не было ей так скучно! Вещи на комоде, блестящие, стеклянные и металлические, задвоились, задвигались. Зоя Андреевна не могла от них оторваться, так они легко и правильно плясали. Потом невыносимый, омерзительный запах еды потек из кухни. Она подбежала к умывальнику и наклонилась над тазом.

— Обедать пожалуйте! — крикнула Марья Петровна.

Зоя Андреевна, пошатываясь, вышла в коридор.

— Я не буду обедать, мне нездоровится, — сказала она, — можно мне заварить чаю?

— Заваривайте, сколько душе угодно, — пронеслась мимо Анна Петровна, — только если потом проголодаетесь, поздно будет: разогревать обеда вам никто не станет.

Зоя Андреевна пошла на кухню, поставила чайник на плиту и стала ждать. От плиты шел жар, и он был ей приятен, но запах масляного перегара так и не дал ей достоять: она бросилась опрометью обратно, пот выступил у нее на лбу, полный рот набежало слюны. Она вздохнула два раза, прикрыв глаза рукой, и внезапно ее затрясло так сильно, что зубы защелкали на всю комнату.

Она кинулась на кровать и, лежа, стала стаскивать с себя платье. Потом в лихорадке вползла под одеяло и там, задыхаясь, старалась удержать в себе дрожь, подбрасывавшую и ломавшую ее.

— Вы что ж это, чайник поставили, а сами ушли? — где-то крикнула Марья Петровна. — Да он выкипит, да он распаяется! Глядите-ка...

— Они больны! — крикнула в ответ Анна Петровна из-за самой двери. — Климаты им наши не подходят!

Но Зоя Андреевна с упрямством слушала одну себя, не соглашаясь со своей болезнью. Она даже нашла силы вскочить, набросить поверх одеяла теплый платок и пальто и снова лечь.

Голова ее уже болела огненной болью. Удары в висках были те же, что и удары в сердце, те же, что и под коленями, и у запястий. Вся она пульсировала солнечным, тяжелым биением.

Она стала по очереди сжимать руками ступни окоченевших ног, чтобы как-нибудь их согреть. Мороз бежал у нее по спине и плечам, а лицу становилось все жарче. Высвободив одну руку, она вынула шпильки и сунула их под подушку. Теплые волосы распались и закрыли всю наволочку.

Когда ее перестало трясти и она почувствовала почти отрадную слабость, она легла на бок, закуталась плотно, прижала колени к груди и стала думать. Мысли ее понеслись быстро, и она радовалась их отчетливости, хоть они были и несложны. Глаза останавливались подолгу на предметах, рассеянных по комнате. Возле нее, на ночном столике, лежал пакет, завернутый в старую газету; постепенно увидела она и его.

Буквы запрыгали у нее в глазах. «Если я разберу отсюда вот то объявление, — подумала Зоя Андреевна, — я завтра буду здорова». На мгновение она закрыла глаза, потом открыла их снова и напряженно стала вглядываться в мелкую печать.

«Интелл. господин средн. лет, — читала Зоя Андреевна, — со средств., люб. музыку, ищет подругу жизни не старше 30 лет, весел., скромн., барышню или даму».

«Прочла!» — подумала Зоя Андреевна, и сердце ее забилось еще чаще, а голову еще сильнее заломило. «А теперь второе, которое рядом...» В волнении она вытянула шею. Рядом стояло:

«Вдова, 28 лет, приятн. наружн., хорош, характ., жел. познак. с образов, господ. Цель — брак. Знает языки, люб. детей».

«Да я брежу, — вдруг прошептала Зоя Андреевна, откинувшись назад, — Господи, я брежу... Я больна... Нет, что я, все пустяки... Надо только уснуть, и все пройдет».

Она закрыла глаза. Внутри веки были малиновые и горячие. «Буду думать о нем, — пронеслось у нее в мозгу. — Милый, милый, где-то вы сейчас?» И она тихо прошептала мужское имя.

Свет в комнате не гас всю ночь. Зоя Андреевна во сне несколько раз просила закрыть окна и двери.

Вещи слышали ее слова, но притворялись глухими. К середине ночи волосы ее свалялись, одеяло сбилось на сторону. Она металась долго и сонно, пока под утро спокойствие большого жара не нашло на нее. На стук в дверь ответила она еле внятным стоном.

— Вы это что ж, всю ночь электричество жгли? — спросила Марья Петровна. — Ай! Да вы совсем больны!

Она с опаскою подошла к постели.

— Чем же это вы заболели? Не заразным ли?

Анна Петровна неслышно встала в дверях.

— Ты бы вышла, Маня, ведь неизвестно, что за болезнь такая. В больницу бы надо...

Марья Петровна попятилась.

— Уж не тиф ли?

— Ну, конечно, тиф! — крикнула Тамара, высунув голову из своей комнаты. — Говорила я вам вчера. Это значит, в вагоне укусило их, а они скрыли.

Женщины выскочили в коридор и одна за другой бросились в переднюю.

— В больницу ее! — закричала Марья Петровна. — Она перезаразит всех нас! Надюшка, беги за извозчиком...

Надюшка бросила ранец и кинулась ей прямо под ноги.

— Говорила я тебе, нельзя в нонешнее время пускать народ с вокзала, — усмехнулась Анна Петровна и поправила перед зеркалом прическу, — вот и вышло опять по-моему. Всё, теперь переболеем.

— Не переболеем, авось! — опять крикнула Тамара. — Марья Петровна, так не заражаются: от паразитов заражаются, а на нас, слава богу, паразитов нет, мы, слава богу, по теплушкам не таскаемся. Отправьте ее в лечебницу — ничего с вами не будет.

Марья Петровна беспокойно слушала ее, ухватив Надюшку за плечо.

— Погодите, погодите... Надюшка, рано еще за извозчиком бежать, одеть ее надо. Ты чего радуешься, что твоя взяла? — обратилась она к Анне Петровне. — Только бы мне досадить! Тамарочка, все-то вы знаете, ей-богу... А кто ж ее свезет? Ведь одна она не доедет, вы ее видели?

Тамара, наконец, вышла; серьги ее блестели, лицо было напудрено. Анна Петровна взяла ее под руку с особой нежностью:

— До чего вы сегодня хорошенькая!

Тамара довольно улыбнулась.

— Вы, Марья Петровна, ужасно неопытная. Вы прямо готовы сиделкой сделаться при чужом человеке. Велите ей одеться; Федор Федорович снесет ее вниз, все мы поможем, раз такое дело. А доедет она одна, ничего с ней не сделается.

Куделянова медленно пошла в комнату больной. За окнами падал мокрый снег; было без малого девять часов. Она подошла к изголовью, и на мгновенье внимание ее рассеяли волосы Зои Андреевны. «Состригут!» — подумала она. Теребя короткими пальцами цепочку часов и, склонив голову набок, она сладко сказала:

— Придется вам, Зоя Андреевна, в больницу лечь. Тиф у вас.

Зоя Андреевна открыла глаза, провела языком по сухим губам и собрала всю ясность, какая еще оставалась у нее.

— Позовите, пожалуйста, доктора. Я простудилась. У меня совсем не тиф. Я завтра встану.

Марья Петровна отошла на шаг и подняла платье, лежащее на полу.

— Вы никак одеты, Зоя Андреевна? Я говорю: белья, кажись, не сняли с себя? Вот ваше платье. Федор Федорович проводить вас, он человек свободный.

— Пить! — тихо сказала Зоя Андреевна.

— Там вам и пить дадут, — успокоительно произнесла Марья Петровна, делая знаки сестре, чтобы та закрыла дверь. — Там последят за вами. А я не могу: у меня дочь. Я не могу терпеть больных в своем доме — другие жильцы могут протест объявить...

Зоя Андреевна поднялась на локте и побледнела.

— Позовите доктора, — сказала она еле внятно. — Он вам скажет...

Марья Петровна пожала плечами.

— Невозможно, Зоя Андреевна, невозможно, говорят вам. Пока доктор, пока то, пока се. Тиф — вещь заразная... Да и почему вы в больницу не хотите? Что вас там, съедят?

Слезы покатились из глаз Зои Андреевны; видно было, как под одеялом она заломила руки.

— Вы же знаете, — прошептала она, — меня там положат на пол, с тифозными, с ранеными...

— Что она говорит? — спросила Тамара Анну Петровну, стоящую ближе.

— Говорит, что ее действительно вошь в вагоне покусала. Сама, говорит, сознаю, что тиф.

Марья Петровна вдруг подошла вплотную к постели:

— Послушайте! Не силой же вас везти, не маленькая! Вставайте.

Зоя Андреевна почувствовала, как внутри нее начинается вчерашняя сумасшедшая дрожь.

— Закройте двери, — слабо крякнула она, — ох, холодно! ох...

Одеяло, теплый платок и пальто запрыгали по постели.

— Нюта! — крикнула Марья Петровна. — Пойди, позови Федора Федоровича.

Она схватила Зою Андреевну за плечи, сдернула одеяло и стала натягивать на нее сперва платье, потом пальто. Платком повязала ей голову, но надеть туфли показалось ей унизительным. Зоя Андреевна не сопротивлялась. Она только падала у нее из рук, как большая, мягкая, беспорядочно одетая кукла.

Федор Федорович увидел ее высоко открытые ноги в одних чулках, ее разбросанные по постели руки.

— Да она не доедет, господа, что вы говорите, — сказал он уныло и громко и сразу смутился. — Донести ее я донесу до извозчика, только этого мало. Вы посмотрите, она сидеть не может.

Анна Петровна, Тамара и Надюшка вышли из-за его спины.

— Кто ж ее повезет? — испугалась Марья Петровна. — Ведь невозможно нам...

— Мужчина нужен, Федор Федорович, мужчина нужен, — жеманно вскрикнула Анна Петровна.

Федор Федорович не понимая глядел вокруг себя. Красные волосы его торчали в разные стороны, рыжее лицо было тупо и неподвижно. Марья Петровна повернулась к нему.

— Надо доброе дело сделать! Женщина одна, в чужом городе, Федор Федорович. За ту цену, что вы у нас живете, могу я вас побеспокоить? Я на извозчика вам дам, и на обратного тоже.

Марья Петровна открыла сумку Зои Андреевны.

Федор Федорович повернулся к дверям всем своим нелепым, костлявым туловищем.

— Сходите за извозчиком, — сказал он и пошел за шинелью.

Надюшка распахнула дверь на лестницу и съехала на перилах все четыре этажа.

Тамара закурила, разглядывая комнату; Марья Петровна стояла у окна, дожидаясь конца кутерьмы.

Федор Федорович длинными руками обнял крепко Зою Андреевну и понес. Она была в беспамятстве. Ноги ее покачивались и задевали стулья, и тогда она испускала слабый стон и прижималась щекой к старому сукну студенческой шинели. Ее укачивало, и она цеплялась за жесткие рукава.

Уже на тротуаре раскрыла она глаза: снег, падавший ей на лоб, на мгновенье привел ее в себя. Близко-близко увидала она медную пуговицу с орлом, и пуговица показалась ей давно знакомой, родной, любимой, словно была эта метка чья-то, метка друга, возлюбленного...

— Тише, тише, — говорил над ней голос, — не плачьте. Сейчас поедем.

Ее усадили в высокую пролетку и снова обняли. Она ощутила смутный покой от этой последней нежности. Как стало тихо кругом, как спокойно... Но внезапно всю ее дернуло куда-то вперед. Ветер (ах, какой ветер!) резанул ей лицо, понесся на нее с воем, с ревом. Он разорвет ее пополам, он унесет ее! Ах, держите ее! Держите ее, господин студент! Будьте добренький!..

Но господин студент, обхватив ее за плечи, рассеянно смотрит назад, на высокие окна куделяновской квартиры. Там четыре лица прижались к стеклам и глядят. Как искажены, как страшны эти лица! Ай-ай-ай! Никогда не замечал он раньше, что в окнах такие безобразные, такие кривые стекла!

Париж
1927, май

140

БАРЫНИ

I

Высокая плетенка, запряженная ширококостой долгогривой кобылой, остановилась перед крыльцом просторного деревенского дома. Лошадь высоко взмахнула хвостом, прямо по выплывавшей луне. Варвара Ивановна и Маргарита взялись за вещи: не такое нынче время, чтобы зависеть от прислуги. Но в доме уже забегали, распахнулись двери, рыжая полоса света упала в черную траву, и сквозь этот свет две босые девки кинулись к чемоданам. Доктор Бырдин и жена его вышли на крыльцо.

«Дело» доктора Бырдина было в двенадцати верстах от станции. Когда перед самой войной отстроили ветку, от Бологое до Хомутов, считали, что по чугунке не более шести часов езды. Сейчас приехавшие из Петербурга дамы были совсем заморены: ехали, оказывается, больше двух суток, ночи не спали, три раза пересаживались. В Максатихе носильщик поднял Маргариту прямо в окно вагона. Она не успела крикнуть, как соскочила в набитое людьми и вещами купе. Варвара Ивановна продралась через площадку под ругань толпы и улюлюканье бравших приступом соседний вагон солдат — отпускных и дезертиров. Когда вылезли в Хомутах, пришлось цепляться ногами за тела разлегшихся в коридоре баб, за их узлы, за их младенцев, от которых — от каждого — шла лужица.

Приезжих отвели в заказанную еще с Пасхи комнату. Варвара Ивановна осмотрела кровати, чистоту полотенец, висевших над голубым эмалированным тазом, провела пальцем по верхней полке шкафа. Маргарита, не раздеваясь, подошла к раскрытому окну.

Липы, не двигаясь, стояли вокруг дома, и в этой прочной тишине старого сада небо казалось таким близким, со всеми своими звездами, с белым месяцем, уже качавшимся на конце легкого облака. Кусок дорожки был освещен светом, падавшим через голову Маргариты, а на подоконнике уже начинали ползать черные жучки.

В саду, под самым окном, стояли три белые тени, три молоденькие девушки. Их шепоты едва были слышны.

— Так в чем же это счастье, наконец? — спрашивала одна, самая маленькая, лет пятнадцати должно быть, с голубым поясом под самой грудью, с косами, заложенными вокруг головы.

— Ах, Верочка, — и чей-то голос дрожал от волнения, — об этом сказать нельзя, это испытать надо.

Но Верочка заговорила снова, глядя то на одну, то на другую подругу:

— В любви? Но неужели любовь — это все? Какая же она должна быть тогда?

«Вот дуры!» — подумала Маргарита и отошла от окна.

Вслед за матерью она умылась, потом посмотрелась в зеркало и напустила на лоб яркую рыжую прядь, немножко меньше, чем делала это в Петербурге, перед приходом Леонида Леонидовича, но достаточно, чтобы иметь вполне столичный вид. С высокой, у самых плеч, грудью, она была очень стройна и тонка.

Внизу на балконе, выходившем в черно-серебряный от луны сад, приезжим был приготовлен ужин. Белая фарфоровая лампа белым кругом освещала скатерть, над которой трепыхались пыльные ночные бабочки. По углам, у белых деревянных колонн, сидели будто невзначай забредшие сюда пансионеры доктора Бырдина, все — здоровые, красные от загара и неуклюжие от парусиновых туфель. Женщины, давно наскучив друг другу, делали вид, будто любуются пейзажем, открывавшимся с балкона: садовой дорожкой и кустом жасмина; остальное проваливалось во мрак; мужчины озабоченно складывали весла: не такое нынче время, чтобы бросать на ночь весла под открытым небом.

— Простите, вы, кажется, из Петербурга? — спросил вежливо Рабинович, когда все поздоровалось и Варвара Ивановна, отставив мизинцы, принялась за холодную утку.

«А я, пожалуй, здесь буду лучше всех», — подумала Маргарита и обрадовалась.

— Очень было бы интересно послушать, нет ли каких-нибудь политических новостей?

— Как, вы разве еще не знаете? В Петрограде восстание.

— Не может быть! Ах, расскажите, расскажите!

Варвара Ивановна улыбнулась с горечью:

— С удовольствием. Началось это в понедельник, третьего числа. Ну да, третьего июля, правда, Маргарита? Ничего нельзя было достать. Представьте, сразу закрылись все магазины.

Все покачали головами.

— На улицах ужасно стреляли, максималисты из особняка Кшесинской вооружали рабочих.

— Ну, это не так страшно, — сказал доктор Бырдин и достал из кармана уховертку.

— Не прерывайте, — закричал Рабинович, — пусть мадам говорит: это очень, очень интересно.

— Мы выехали пятого. Еще не все поезда шли, но знакомые наши, знаете, прямо заставили нас уехать. Конечно, страшно было не за себя, — Варвара Ивановна поглядела в сторону дам, — страшно было за Маргариточку.

Дамы сделали умильные лица.

— Конечно, господа, это только вспышка, — Варвара Ивановна говорила чужими словами, но чьими — уже не могла припомнить, — и пожар может разгореться в любой день. Я сказала это, когда кадеты ушли из министерства. — Она положила в рот кусочек огурца. — Тогда для меня все стало ясно: мы погибли.

Бырдин посмотрел на нее с ленивой враждебностью.

— Надеюсь все-таки, что это не так, сударыня. Уверяю вас, что вся эта революция очень скоро кончится. Мы здесь все согласны в том, что большевики не имеют никаких шансов на успех.

— Какая-то кучка крайних эсде! — вставил Рабинович.

— Вот именно. Я знаю народ, — Бырдин показал глазами в сторону скотного двора, хотя с балкона можно было видеть (и то днем) лишь старую и пустую собачью конуру. — Я знаю наш русский народ — его главный враг сейчас немец.

Все взглянули друг на друга. Рабинович кашлянул.

— И чем же все кончилось? — спросил он снова, как можно вежливее.

— Да как вам сказать? В среду дело шло как будто уже на успокоение...

— Ну, вот видите!

— ...и я думаю, дня через два вы получите газеты.

Она отодвинула от себя тарелку, сложила крест-накрест нож и вилку и вытерла некрасивый маленький рот.

— Все это очень, очень ценно. Из газет этого не узнаешь.

Кое-кто издал довольный звук.

Маргарита встала и весело зашуршала шелковой нижней юбкой. Одна из дам, худая, в больших серьгах и кружевном платье, встала тоже, перегнулась через перила и сказала медленно, куда-то в сад:

— А все-таки какое страшное время, и молодежи нашей какое испытание!

Все оглянулись на нее. Варвара Ивановна внимательно посмотрела на серьги, на платье.

— Да, да, за молодежь страшнее всего, — сказала она своим привычным «гостиным» голосом. — Не страшно умереть самой, страшно, что Маргариточка без меня останется.

Дама в серьгах выпрямилась.

— Вот именно. Вы знаете, когда в феврале моя Верочка выбегала по три раза в день на Каменноостровский, — я просто с ума сходила.

«Боже мой, как здесь будет скучно», — подумала Маргарита.

Другая дама, помоложе, шепелявая, вся в завитушках, вдруг заговорила:

— Нет, нет, страшно умереть самой. Это самое страшное. Умрешь, а что там? Вдруг — никого? Разве можно это вынести?

— Это вы говорите так, потому что у вас детей нет, — сказала равнодушно первая.

Варвара Ивановна сняла две крошки с колен.

— А у меня нет страха смерти, — сказала она опять, — и я, знаете, особенно люблю всякие разговоры о смерти. — Она словно приглашала всех высказаться, но все почему-то замолчали, потом как-то сразу поднялись. Жена доктора собрала тарелки. В дверях стали уступать друг другу дорогу. Наконец, Варвара Ивановна и Маргарита очутились у себя.

— Очень, очень милое общество, — сказала Варвара Ивановна. — И какой комфортабельный дом!

Она развесила свои блузки, намазала кремом руки и, перекривив багровевшее от усилия лицо, стала снимать корсет: то верхние, то нижние крючки цеплялись за железные петли.

— Ну, тебе здесь будет веселее, чем мне, — усмехнулась Маргарита, завертывая волосы в папильотки; ее длинная ночная рубашка пахла едой и чемоданом, и ее начинало уже немного мутить от всех этих запахов, которыми ей пришлось дышать последние два-три часа. Был, впрочем, один, при воспоминании о котором как-то блаженно сжималось сердце: запах вечереющих полей, по которым долго вез их мужик. Запах этот шел от теплой земли, от зеленого, но уже высокого овса и от маленьких круглых копен еще не убранного сена, убегавших рядами в ровную зеленую даль, где темневшее с каждой верстой небо сливалось с плоской землей.

— Пожалуйста, помолись Богу, — сказала Варвара Ивановна, раздвинув ноги, чтобы снять башмаки.

— Помолилась бы, если б ты не сказала.

Маргарита легла, откинув одеяло, — ночь была жаркая.

144

Внезапно она увидала, как погас свет на медных шишках кровати; потом заскрипели пружины под Варварой Ивановной.

— Здесь невозможно будет спать, — пробормотала Маргарита, засыпая, — какая-то птица поет прямо в комнате.

— Это не птица, а сверчок, матушка; ты кому-нибудь другому такой вещи не скажи.

В окне были видны звезды и клочья деревьев.

II

Маргарита проснулась и, прежде чем понять, что ее разбудило, увидела перевернутую луну у самого подоконника, такую красную и кривую. Что-то мешало ей заснуть опять.

— Мммм, — стонала Варвара Ивановна.

— Мама, что с тобой?

Стон раздался громче и прозвучал дольше. Его, наверное, можно было расслышать в саду.

— Тише, тише, — испугалась Маргарита, — куда ты дела спички?

Босыми ногами она поймала туфли, протянув руки, бросилась к столу и сразу же схватилась за коробок. Пламя свечи, такого же цвета, как упавшая за окно луна, закачалось в комнате.

Она увидала мать, лежащую на спине с вытаращенными белесыми глазами; пот и слезы бежали по ее щекам и губам! Она мычала, левой рукой показывая то на рот, то на правую неподвижную часть своего большого туловища.

Маргарита с криком подскочила к ней, пригнулась к ее лицу, но ни одного слова не смогла уловить в прерывистом, трудном мычании.

— Болит? — спросила она, и папильотки упали ей на глаза.

Варвара Ивановна покачала головой и пальцем указала на дверь.

— Доктора?

Варвара Ивановна кивнула.

Маргарита накинула пальто и выбежала в коридор, оставив дверь настежь. Она увидела ряд запертых дверей; добежав до лестницы, заглянула вниз: там было темно и тихо. Она отступила, не зная, где комната Бырдиных, готовая поднять крик в коридоре. Который мог быть час? Внезапно под одной

145

из дверей она увидела полосу света. Едва постучав, она открыла ее. Свет в комнате мгновенно погас: кто-то в трех шагах задул свечу.

— Ради Бога простите. У моей матери удар. Где комната доктора?

Кто-то поднялся на постели, чиркнул спичкой.

— Сейчас, сейчас, войдите. Я думала, это мама: я читала. Только не говорите никому: мне страшно, попадет.

Маргарита увидела маленькую комнату, свою же кровать, свой умывальник. Верочка, худая, с косами, перевязанными красными ленточками, бегала, босая, по комнате.

— Идемте, идемте скорей, — шептала она, запахивая халат, берясь за подсвечник, — Боже мой, это ужасно... А я так испугалась, я думала — мама; она иногда приходит проверять.

Что-то вспомнив, она бросилась к постели, вытащила из-под одеяла толстую, в красном коленкоровом переплете книгу и сунула ее под матрац.

Обе побежали по лестнице вниз; чтобы свеча не потухла, Верочка держала перед ней маленькую, прозрачную, испачканную чернилами руку.

Несколько дверей раскрылось сразу, и опухшие лица высунулись в коридор: в комнате приехавших накануне из Петербурга дам творилось что-то, что, конечно, легко могло твориться днем, но чему ночью быть не полагалось: оттуда доносились голоса — мужской, женский, мужской, женский. Потом наступила краткая тишина. Потом кто-то крикнул на весь дом, будя недобуженных. Это кричала Маргарита: она оставалась совсем одна в целом мире, Варвара Ивановна умирала.

Она упорно пыталась что-то сказать. В левую руку ей дали, наконец, маленький золотой карандашик и клочок почтовой бумаги, но было уже поздно. Между первым и вторым ударом прошло не более получаса. Бырдин в кальсонах успел отколоть в погребе топором кусок зеленого льду. Маргарита слышала от него нелепое какое-то, почти шутовское слово «закупорка» и ничего не понимала. Она видела, как золотой карандаш выпал из рук матери. Пальцы Варвары Ивановны разжались и вытянулись, лицо потемнело. Маргарита зажмурилась, крича от страха. Варвара Ивановна коротко вздохнула; все было кончено.

Маргарита заплакала. Доктор Бырдин закрыл покойнице глаза.

— Идите отсюда. Успокойтесь.

146

Но она уже сама уходила, отворачиваясь, содрогаясь от ужаса. Ей оставалось одно: выйти во что бы то ни стало замуж за Леонида Леонидовича — иначе она пропала.

Бырдин отвел ее в маленькую гостиную; ей дали подушку, принесли воды. Небо уже голубело; какая-то звезда каплей висела перед самым окошком. Жена доктора взяла Маргариту за руку. Она искала слов утешения.

Наконец, она участливо спросила:

— Как ваше отчество? — И покраснела.

— Петровна.

Обе помолчали.

— Вы усните, — сказала опять Бырдина.

— Хорошо.

Маргарита осталась одна, и когда затихли шаги на лестнице и наверху, большое, стопудовое горе навалилось ей на грудь, на голову, на ноги. Не двигаясь и не плача, она пролежала до самого утра и слышала, как проснулись сперва птицы, потом люди, потом господа.

Она вышла к чаю, размочив, после раздумья, свои завитушки, похудев и подурнев. Ей поклонились молча, и тишина, такая, как иногда в их петербургской квартире вечером, настала на балконе; только в саду продолжалось неистовство птиц и кузнечиков, и слезы стали у нее в глазах.

— Проведите меня наверх, — сказала она неуверенно; все взглянули на Бырдина.

— Выпейте сперва чаю, у вас усталый вид.

Она села, взялась за хлеб и медленно стала пить и есть, постепенно разглядывая окружающих.

Верочка сидела на краю стола, забыв вытереть губы — они у нее были в молоке. Две другие девушки сидели поодаль, рядом с Рабиновичем — это были его дочки. Женские лица слились перед Маргаритой в одну сплошную желто-красную полосу; кроме Рабиновича и Бырдина мужчин не было.

«Никого, — подумала она, — зря привезла я голубое платье. Ах, Господи, о чем я думаю!»

Окружающие смотрели на нее и жалели ее, хотя их спокойная жизнь на несколько дней была нарушена. Перед ее приходом был даже короткий, но выразительный разговор:

— Вы слышали, какая неприятность?

— Подумайте! Кто бы мог подумать? Приехать к чужим людям...

— Такая жара и — труп, да это просто вредно!

— А вы представьте себе аксессуары: гроб, ладан, пение, — на меня это действует ужасно...

147

Так говорили гости, но Бырдины и сами немного потерялись: время было тяжелое, люди несговорчивые, заносчивые, село — в двенадцати верстах. Доктор то и дело покусывал бородку: так, должно быть, поступали когда-то и отец его, и дед, и прадед. Жена посматривала на него, и, хоть он и был на двадцать пять лет старше ее, все же осмеливалась раздумывать и приходить к каким-то решениям касательно дальнейшего пребывания Варвары Ивановны в их доме.

Маргарита слышала, что люди умирают, но никогда смерти не видела. Коридора она не узнала: солнце большими квадратами на полу, стены слепили белизной. Бырдина раскрыла перед ней дверь, и Маргарита вошла, трусливо оглянувшись, но докторша и не думала оставаться в коридоре — любопытство ее душило.

Кровать была придвинута к окну, как будто оттуда могла идти какая-нибудь прохлада. Холщевые шторы были задернуты, и сквозь них падал узкий, чуть дрожащий луч солнца, перерезавший пополам всю комнату и лицо покойницы.

Чувствуя на себе взгляд Бырдиной, Маргарита заплакала, встала на колени, перекрестилась. Потом подошла к изголовью, заметила пятно под ухом и заплакала сильней. Целуя мокрый лоб Варвары Ивановны, она увидела очень близко от своих губ светлую, редкую бровь, темное веко запавшего глаза и родимое пятно с волоском на левой щеке, столько раз целованное в детстве.

— Пойдемте, милая, — сказала Бырдина.

— Нет, нет...

И она дотронулась двумя пальцами до скрещенных, чуть лиловеющих рук, перевязанных носовым платком.

— Кто ее одел? — спросила она, рассматривая знакомое серое платье. — А туфли? Вы их нашли? Они были в том чемодане...

Бырдина взяла Маргариту под руку.

— Пойдемте, голубчик, Маргарита Петровна, — она едва дышала от духоты, — пойдемте отсюда.

Внизу, с уховерткой в руке, их ждал доктор.

— Милая барышня, надо же нам с вами обсудить, как быть дальше. Сядьте, успокойтесь. Да, да, я знаю: вас расстраивает этот разговор... Надя, принеси Маргарите Петровне воды... И меня он тоже расстраивает: все это ужасно неожиданно. Ваша матушка была совсем здорова?

Маргарита зарыдала.

— Ну, успокойтесь, успокойтесь, пожалуйста! Ах, как все это тяжело. И тяжелей всего, что сейчас же надобно о делах... Батюшка ваш жив?

Маргарита отрицательно покачала головой.

— Значит, вы совсем, совсем одна?.. Выпейте воды. Нам надо обсудить с вами, что делать дальше.

Маргарита, наконец, высморкалась, отхлебнула воды и вытерла глаза. Она увидела пред собой солнечный сад, в котором еще не была, дорожку, клумбу и на скамейке чье-то белое платье с голубым поясом.

«Кто это? — подумала она. — Ах, это Верочка!»

— Так что же мы будем делать дальше? — повторил Бырдин, закуривая. — Вы хотите, наверное, везти вашу матушку в Петербург?

— Да, — неуверенно сказала Маргарита, — неужели это невозможно?

— Но ведь вы сами только вчера приехали, вы же видели, что делается на железных дорогах. Да и разрешение вам не получить. Не такое время.

— Неужели придется купить место на здешнем кладбище?

— Вот в том-то и дело. Покупать место; когда через каких-нибудь полгода все успокоится, вы просто перевезете гроб в Петербург. Ведь смешно будет оставить ее навеки на каком-то чужом сельском кладбище, в сутках от вас!

— Но это, очевидно, придется все-таки сделать? Далеко это?

— Двенадцать верст. Значит, будущей весной, если вы, например, приедете, вам придется сделать на лошадях тридцать верст с лишним и обратно столько же с гробом. Вот это, пожалуй, хуже всего.

Жена доктора внесла на противне горячий сладкий пирог, вынула из буфета банку с вареньем и ловко стала поливать его, выводя узоры густой темно-малиновой струей. Мухи с шумом закружились над ее розовой рукой.

— А что, если у нас в саду?.. — спросила она внезапно.

— А можно? — удивилась Маргарита.

Бырдин засунул бороду между зубами.

— Придется поговорить об этом со священником и, если надо, заплатить ему. Я ничего против не имею, а для вас это будет, конечно, самое лучшее.

— А вас это не стеснит?

— Нет, почему же? Есть отличное место в самом начале, знаешь, Надя, там, где в прошлом году фон Мааке хотел раскопки делать, помнишь? И потом, ведь это временно, что же об этом разговаривать?

— Я вам очень благодарна, — сказала Маргарита, — что бы я делала?

— Не стоит об этом говорить. Конечно, всех наших гостей мы не могли бы хоронить в своем саду, но одного, и притом в такое тяжелое время... Надо же как-то выйти из положения.

«Как они добры», — подумала Маргарита, и ей стало казаться, что роднее чесучового пиджака и встрепанной бороды доктора и нет ничего на свете.

«Мы поступили бескорыстно и гуманно», — подумал в то же время доктор. И он велел дворовому мальчишке запрягать рессорную тележку, чтобы ехать с Маргаритой к священнику и заказывать гроб. Маргарита не отходила от Бырдина: она так и не вышла в густой, пахучий сад, боясь каких-то безотчетных соблазнов, сладости, томления, уже начинавших проникать в нее сквозь окна и двери дома. И чувство лета и свободы кружило ей голову.

III

Пастушонок с разбегу ударялся мягкой головой в твердый живот быка. Из-под вшивой шапки рассыпались льняные волосы, длинный кнут волочился по земле. Наконец, бык переступил тонкими, острыми ногами, сошел с дороги, и тележка доктора Бырдина проехала. Пастушонок побежал по кочковатому лугу, из озорства пробегая под животами жующих воров — для этого ему почти не приходилось нагибаться.

Первые избы, плетни, колодезь, пузатый малыш в коросте, куры, дух потомственной нищеты. В крошечных окошках появляются сморщенные лица баб, словно из черного хлеба (серые повойники — корка в муке). Улица пустынна. Маргарита думает. О чем? Езда по полям утомила ее; совсем близко от нее на косматые возы взлетали огромные клочья сена, маленькие люди оборачивались, иногда запускали в нее камушком — может быть, шутя? Бырдин помалкивал.

В грязной тине круглого пруда крякнули утки. Девочка с маленьким на руках широко раскрыла рот, потом со всех ног бросилась за тележкой.

— Кинь! Кинь! Кинь!

150

Доктор подхлестнул лошадь. Но уже из всех изб и дворов бежали голоногие, голозадые, тупоносые мальчишки и девчонки, протянув руки:

— Кинь! Кинь! Кинь!

Потом два парня, давя их, бросились за доктором:

— Пряничка! Пряничка!

Промелькнуло почтовое отделение, школа с разобранным крыльцом.

В пыли ребята начали отставать; долетала ругань; потом об кузов застучали камни.

И тут Маргарита поняла. Она испуганно взглянула на доктора:

— Скорей, скорей!

Он усмехнулся, поглядел назад; потом повернул за угол и стал потуже подбирать вожжи. Лошадь остановилась перед кузницей.

Из глубокого мрака доносились мерные удары; красный огонь трещал, а над ним мелькали большие руки, бородатое, бледное лицо.

— Здравствуй, Кузьма. Данила дома? — спросил Бырдин, соскочив на землю.

— Данилу об этом и спрашивайте, — ответил голос, и лицо исчезло: человек повернулся спиной.

Бырдин помог Маргарите слезть, обхлестнул вожжами тощую березу и прошел мимо кузницы, мимо хилого огорода, к избе. Оба поднялись по ступенькам, нагибаясь, чтобы не задеть развешанного дырявого белья, и вошли в сени. Какая-то бочка подкатилась им под ноги, где-то близко жевала лошадь.

Бырдин стукнул в дверь, нагнулся и вошел в избу; Маргарита остановилась на пороге.

Посреди избы стоял старый покривившийся верстак. У окна, за столом, под пыльным образом, сидел Данила. Жена прислуживала ему: он ел.

— Здравствуй, Данила. — И Маргарите показалось на этот раз, что голос доктора звучал тише и слаще.

— Закройте дверь — мухи налетят, — ответил мужик, и Маргарита шарахнулась в комнату.

— Мы с заказом: нахлебница у меня померла. Что за гроб спросишь?

Данила поглядел в окно.

— Не, я не возьмусь.

— Почему?

— Работы много.

— Ну, а все-таки? Не хоронить же без гроба!

— Без гроба-то? Действительно, не того... Восемь рубликов положите?

Бырдин махнул рукой.

— Ты с ума сошел. Три рубля, и больше никаких.

Данила заглянул в горшок, навалил себе каши в миску и опять забарабанил по столу.

— Ну, так как же? — спросил Бырдин. — Деньги не мои, деньги барышнины. Скажи божескую цену.

— Счастливый путь, — сказал Данила почти дерзко, — как бы меринок ваш не убег!

Маргарита потянула Бырдина за рукав.

— Пять рублей хочешь? — спросил он, делая вид, будто уходит, но уходить было некуда.

— Не. Теперича для нас время не простое, а золотое. Меньше семи рублей за березовый гроб никто с вас не возьмет.

— Ну, ладно. Делай, только как можно скорей: завтра так завтра. По такой погоде ждать невозможно.

— Ждать, действительно, — дух пойдет, — сказал Данила рассудительно и будто мягко, — но раньше среды не могу.

— Четыре дня! — вскричал Бырдин. — Да ты что, смеешься надо мной, дурак!

— Товарищ, я вам не дурак, — сказал Данила очень тихо; потом пожевал губами и певуче спросил, прикрыв глаза. — Меринок-то ваш не убег?

Наконец, поладили: послезавтра, в понедельник, к утру гроб должен быть привезен. Данила почему-то долго кланялся Бырдину с крыльца, потом, когда доктор и Маргарита уже сели, он выбежал за ними без шапки.

— А росточек, росточек дачницы велик ли будет? — закричал он на всю улицу.

Маргарита объяснила, поднимая руку то над землей, то над тележкой.

Данила лукаво кивал головой, казалось, что он смеется над ними и вовсе их не слушает.

— Смотри, я к десяти часами батюшку закажу, — крикнул Бырдин, с удовольствием ощущая всей спиной движение громоздких колес, — не надуй с гробом-то!

Тележка, подпрыгивая, заколесила по пыльным сельским улицам. Зеленая луковица и крест колокольни запрыгали невдалеке в синем солнечном небе.

— Какие грубые люди стали, — сказала Маргарита задумчиво.

— Ненадолго. Все опять на свое место станет.

152

В батюшкином саду надо было жасминные кусты раздвигать руками. На балконе попова дочка мыла пол. Ведра брякали, ухали, звенели. Батюшка, с косицей, пришел с огорода и стал перед приезжими, пряча руки и извиняясь: руки были в земле.

Бырдин объяснил ему все очень кратко и быстро, и он понял сразу. Оказалось, хоронить можно и не на кладбище, можно в саду, если господину доктору это угодно.

— Крест заказали, — спросил священник, — или сами делать будете?

О кресте забыли. Батюшка обещал сам сколотить.

— Ну, времена, ну, времена! — бормотал он. — Покойника из провинции не вывезти, а? Что вы скажете?

Он обещался быть с причетником вовремя и попросил зайти выпить чаю. Но внезапно Бырдин почувствовал, как ему надоела смерть Варвары Ивановны.

— Нет, нет, мы спешим. Барышня устала. Лошадь вечером на станцию пойдет.

Опять стали отводить жасмин от лица, плечами раздвигать упругие ветки.

В шестом часу вернулись домой. Верочка вышла из сада к Маргарите: в одной руке у нее была джанниевская «Эпоха великих реформ», в другой — беспорядочный букет лютиков, незабудок и куриной слепоты.

— Хотите поставить это наверх? — спросила она. — Если у вас нет воды, я могу вам дать свой кувшин.

Маргарита поблагодарила. Больше ей вовсе не хотелось плакать. Она взяла цветы и поднялась наверх. И уже в коридоре ее удивил очень неприятный, какой-то даже просто противный запах.

IV

Данила мог гроба не привезти, но он привез его. Слез с телеги, подал руку всем, кто попался, небрежно пересчитал деньги и очень бережно запрятал их на груди.

Гроб подняли наверх. Он оказался на шесть вершков больше покойницы. Побежали сказать об этом Рабиновичу, который рыл могилу. Рабинович, красный, растрепанный, бился с лопатой вокруг круглой ямы — он никак не мог обточить углы. Послали за мужиком, хуторянином, в версте, нашли его, привели, дали лопату. Рабинович бросился в гамак и накрылся газетой.

Тем временем на верхнем балконе дамы обивали гроб куском мадепалама. Мать Верочки только распоряжалась да иногда сыпала гвозди в протянутые руки. Гроб походил на узкое и длинное корыто и весь был в щелях и сучках. На крышке лучиной, обмакнутой в чернила, нарисовали крест; подушку набили сеном.

Маргарита ходила кругом и говорила:

— Спасибо, спасибо.

Но никто ничего ей не отвечал.

Наконец, позвали Бырдина, двух девок и кухарку. Они подняли покойницу и уложили ее. Потом вынесли Варвару Ивановну на нижнее крыльцо. В опустевшей комнате было жутко от духоты и зноя. На кровати лежала клеенка, постланная еще накануне.

С беззаботным бубенчиком приехал батюшка. Причетник сразу прошел на кухню за угольками. Все собрались. Батюшка посидел на единственном вынесенном для него стуле, поговорил о том, что, слава богу, время сухое, сено, хоть и с опозданием, но приберут спокойно. Спросил об имени покойницы и начал облачаться. Причетник роздал свечи и закадил.

Маргарита стояла впереди, в черном платье Варвары Ивановны (своего у нее не было), ушитом кем-то. Рыжие волосы ее блестели; спереди и над ушами они были короткие и сейчас не завитые, были отчесаны назад. Все ее молодое нежно-розовое лицо с маленькими уже заплаканными глазами, припухшей губой и веснушками особенно напоминало сейчас лицо Варвары Ивановны: плотные черты Варвары Ивановны смерть омолодила. Заострившийся кверху нос был почти девичьим, только шея и руки казались страшными. Дамы то и дело прикладывали к лицу платки, надушенные одеколоном.

Воздух был неподвижен. Сизый дым ладана повисал вокруг человеческих лиц; дышать было нечем. Солнце подвигалось все круче, оно легло уже на первые ступени крыльца, потом обожгло Бырдина, стоящего с краю, и стало медленно подвигаться к гробу. Птицы попрятались от жары, но огромные синие мухи с густым свистом подлетали к самому лицу покойницы.

«Только бы не сели, только бы не сели!» — думалось Верочке, и вдруг она увидела, как из самой середины гроба, между двумя табуретами, на крашеную половицу балкона потекла струйка.

— ...прегрешения вольныя же и невольныя!.. — провозгласил священник.

Струйка побежала к щели, расползлась, расширилась; батюшка заметил ее близко у своего прюнелевого башмака. Он сказал что-то причетнику; тот нагнулся к Бырдиной:

— Тазик бы.

Через минуту кухарка подставила под невидимую щель большой облупленный таз. Капли зазвенели обрывисто, отчетливо. Маргарита не могла отвести от них глаз.

— Где нет ни печали, ни воздыхания...

«Ни вот этого ужаса, Господи, — молилась Верочка, — вот этого протекания ужасного».

— Но жизнь бесконечная...

И причетник подхватывал, но давая священнику кончить, и подтягивал так, будто горло у него трескалось от жары и жажды.

И все встали на колени.

— Вечная память!

Маргарита громко заплакала от горя, одиночества и непонимания.

«Память, вечная память — в ком? Ничего не понимаю. Во мне одной, должно быть, больше нет никого. Но разве я — вечная? Все — неправда... Мамы нет, мамы нет! А когда она была, то совсем была не нужна, даже мешала, когда мы с Леонидом Леонидовичем...»

Ее слегка толкают, и она приходит в себя. Ее подводят к гробу, она видит бумажный венчик, бумажную икону в изменившихся руках. Она целует несколько раз, пока ей не делается страшно и она не рыдает опять во весь голос.

Гроб заколотили гвоздями, священник зашаркал по дорожке сада, а за ним спустились по ступенькам, сгибаясь под тяжестью мертвого тела и громко сговариваясь друг с другом, как надо ступать, Бырдин, Рабинович, мужик-хуторянин и причетник. Девки поволокли крест коротким путем, по траве, мимо беседки. Дамы заковыляли за гробом.

Тихий зной большого сада утешил Маргариту. Обутые в черные высокие ботинки ноги ее, ходившие по жестким петербургским, страшным в последние дни, улицам, с легким шорохом давили маленькие камушки садовой дорожки. Запах цветов, настоящей деревенской травы насыщал ее. Она задышала часто, чуть раздувая ноздри. Платок ее был совсем мокр, и она спрятала его в рукаве.

И вдруг тихий ветер тронул верхушки лип и кленов. Три капли с треском упали в листву. В густой тени, где была вырыта могила, послышался легкий шум побежавшего дождя. Гроб поставили у самой ямы, безобразно огромной, неглубокой, с бесчисленными торчащими в ней корешками. Мужик ахнул:

— Никак дождик! — И так, словно был тут один, пустился бежать к себе на хутор: видно испугался, что вымокнет его брошенное где-то там, под открытым небом, добро.

Священник заспешил. Причетник, озираясь на небо, хрипел все больше. Гроб подняли на полотенцах. Капля дождя упала Маргарите за ворот, побежала по спине — о, если бы еще раз, как хорошо! Ветер, поднявшийся с теплой силой где-то в полях, налетел в сад, ринулся во все его закоулки. Бырдина кинулась домой: запирать окна. Гроб, наконец, спустили, долго дергали за полотенца, чтобы вытащить их; потом стали бросать землю. Причетник и доктор нетерпеливо взялись за лопаты: дождь уже начал во всю пробивать над ними зеленый полог. Все тихо ждали, пока не уладили холм, не воткнули крест. Маргарита закрестилась.

Когда все было кончено, дамы ринулись к дому, поднимая широкие белые юбки. Долгий гром простучал по небу. Маргарита пошла с Рабиновичем.

— Мама, мама, — говорила Верочка, и невыносимая тоска сжимала ей грудь, и хотелось плакать, — как же она повезет ее в будущем году? Ведь сегодня же все размоет — гроб-то дырявый совсем, ты видела?

— Не твое дело об этом заботиться, — отвечала мать, — все сделали именно так, как надо.

V

Женщина, ехавшая к родственникам мужа из Петербурга в Рыбинск, внезапно вышла в Хомутах, взяв пятилетнюю дочку на руки и с трудом таща по перрону обвязанную веревкой корзину. В вагоне все обрадовались: во-первых, девочка всю дорогу плакала, никому не давая уснуть, во-вторых, женщина была рыжая: а бог его знает, что у этих рыжих-то на уме!

Дотащив корзину до станционной скамейки и посадив на корзину девочку, бледную, с грязными ноготочками, женщина разогнула спину и своим носовым платком утерла дочке нос.

156

— Посиди здесь, Варя, слышишь, да не реви, а то оставлю одну, а сама к дедушке поеду.

Она отцепила от своего рукава детские руки, вошла в здание станции и спросила у человека в железнодорожной форме, нельзя ли достать лошадь часа на три, она может хорошо заплатить.

— Куда ехать, товарищ? — спросил служащий, подозрительно оглядывая ее старое суконное с точеным мехом пальто и пыльную шляпу.

— К доктору Бырдину, — сказала она, — слыхали? Верстах в двадцати отсюда.

— Нет, что-то не слыхал, — и человек почесал в затылке. — В какую же это сторону будет?

Женщина беспомощно осмотрелась.

— Когда следующий поезд? — спросила она.

— Часов через пять.

— Может быть, кто-нибудь все-таки знает? Может быть, крестьяне знают?

Служащий сплюнул и пошел. Потом вернулся, открыл дверь на станционный двор и крикнул:

— Степан Никанорыч, доктора тут спрашивают, Бырдина. Не слыхали?

Но никто ничего не знал.

— Может быть, крестьяне знают? — повторила снова женщина и вышла на крыльцо. Чья-то телега стояла у забора.

— Мама, мама, — испуганно запищала девочка, борясь с тяжелой дверью.

Мужик вышел из кооперативной лавки напротив станции и пошел к телеге.

— Товарищ, не слыхали ли вы, где мне здесь доктора Бырдина найти? — спросила Маргарита. — Мне туда съездить нужно, это в двадцати верстах, в сторону села одного, не помню...

— К Красным Выставкам, что ли? — спросил мужик. — Только доктора никакого там нету... А, может, вы про экономию спрашиваете? Только и экономии там нету. Была, а нету.

— Была, говорите? — затревожилась Маргарита. — Вот мне это и нужно, в бывшую экономию. Вы можете свезти меня туда и сейчас же обратно, на станцию?

Девочка опять захныкала.

— Сейчас, вот как стоим?.. Сажайте дите. — И они условились о цене.

«Туда ли я еду?» — спрашивала себя Маргарита, стараясь узнать когда-то промелькнувшие перед глазами поля. Но время было другое — стоял май, и трехвершковая рожь сумрачно зеленела под низким, белым небом. Потом пошли полосы черной, взбороненной земли, потом болотистые луговины.

— На двадцатой версте, приблизительно, — сказала Маргарита, ухватившись за край дребезжавшей телеги, — на двадцатой версте должен быть поворот от дороги влево, к дому. Неужели никогда не проезжали?

Он оглянулся на нее, и от этого по его широкому коричневому затылку пошли черные морщины.

— Не слыхали, — сказал он и присвистнул. — Вы, дамочка, может, там и дома-то не увидите: здесь в третьем годе восстание было.

— Как дома не увижу? — вскрикнула Маргарита и крепче прижала к себе и ребенка, и корзину. — Не может быть!

Мужик показал кнутом влево: в холодных, жидких камышах залегла река.

— Реку-то узнаете? — спросил он хмуро.

Да, реку Маргарита помнила, ей даже показалось, что она узнает дрожащий настил моста.

— Вам, понимаю, местность осмотреть, — продолжал мужик. — Экскурсии вот тоже приезжают: восставали, говорю, в третьем году. — И он стеганул лошадь.

Маргарита не поняла его и замолчала. Варя на ее руках стала засыпать.

До сумерек было еще далеко, но скудный свет обманывал время: казалось, через час стемнеет, а на самом деле было не более двенадцати. Дорога выбегала из-под колес (Маргарита сидела теперь спиной к лошади), и кроме этой изрытой серо-глиняной дороги, все-таки движущейся, а потому живой, не на чем было остановиться: так тиха была скудная земля, так холоден и убог суровый воздух.

Иногда над телегой летели грачи и чертили по пухлому небу что-то непонятное, что сейчас же забывалось. У далекой черты горизонта вставали порой тупые соломенные крыши изб. Одинокие березы у дороги курчавились от слабого сырого ветра.

Мужик молча сворачивает влево: дорога — горбом, между колеями по горбу — трава. Бырдинские липы протяжно шумят, и Маргарита узнает часть сломанного и лежащего на земле деревянного забора.

— Сюда, сюда!.. — говорит она и ждет, что над липами

158

появится широкая крыша и труба — пусть даже без дыма. Но над липами и между ними опять сквозит густое белое небо.

Телега останавливается.

— Куда ехать-то? — говорит мужик. — Там небось и не повернешь!

Маргарита сходит, берет на руки Варю — руки у нее до сих пор слабые. А что же делать с корзиной? Ведь мужик стащит ее: просто возьмет и уедет — что тогда делать? Но мужик тоже сходит: может быть, он пойдет вместе с ней?

Она идет, вся отклонившись назад, до того Варя тяжелая. Собственно, дороги нет, надо просто спуститься немного. Какие-то кусты — чертополох, должно быть. Теперь ясно, что дома никакого нет: вот лежат разбросанные, с обломанными углами кирпичи, их не больше десятка. Вот плешь — здесь был дом. Земля черная, деревья черные; здесь горело. Клумбы и дорожки слились в густой, цепкой траве; вылезли корни.

Какая тишина! В саду — пни, крапива; сад стал безобразен, редок, да, впрочем, и сада никакого нет: торчат деревья, а между ними клочья все того же надоевшего неба.

Маргарита сворачивает туда, где валяются зеленые доски, торчат гвозди — здесь стояла беседка, здесь было столько комаров, что невозможно было сидеть с вышиванием. А вот тут проходили когда-то мужчины с длинным корытом на плечах.

За разбросанными гнилыми досками — опять жесткая трава. Варя вдруг просыпается и плачет.

— Варька, да замолчи ты! — кричит Маргарита и оглядывается: да, мужик идет за ней, ему интересно.

И вот самый тихий угол бырдинской земли, разгромленного бырдинского сада: шесть холмов, шесть могильных крестов в ряд — целое кладбище. Маргарита останавливается: Варвару Ивановну тут не узнать; за семь лет укрылась она среди разбойников, или героев, или просто случайных, как и она сама, людей. Шесть одинаковых мшистых крестов и заросшая лебедой земля.

Перекреститься? Но Маргарита не уверена, есть ли Бог? Да и мужик может над ней посмеяться. Он смотрит, заложив руки за спину; он успел свернуть цигарку.

— Много, говорю, полегло народу, — тянет он, и голос его глух и важен, — пониже еще с десяток могил, а за рекой зарывали в общую. Желаете — прокачу.

Перекреститься? Как отвыкла она за последнее время над чем-нибудь задумываться... Вот Варя уселась в траву, штаны у нее будут черные.

— Варька, да не реви ты, — опять кричит Маргарита со слезами в голосе, — замучила ты меня совсем!

И она, схватив девчонку на руки, бежит назад, и лицо ее мокро от тяжелых, холодных на ветру слез.

Корзинка цела. Лошадь щиплет траву старыми розовыми губами. Полосатая земля поднимается до самого неба. О, Россия!

1928

www.ingramcontent.com/pod-product-compliance
Lightning Source LLC
Chambersburg PA
CBHW010859090426
42738CB00018B/3440